FECHA	NOMBRE
4-14-70	

———   ———

CALLE Y POCHÉ
(APELLIDO AUTOR)

SÍ, SI ES CONTIGO
(TÍTULO LIBRO)

MOCCA, CAFÉ Y LIBROS
(NOMBRE Y SELLO LIBRERÍA)

SÍ, SI ES CONTIGO

CALLE Y POCHÉ

SÍ, SI ES CONTIGO

Montena

Sí, si es contigo

Primera edición en Colombia: abril de 2019
Primera edición en México: mayo de 2019
Segunda edición en México: junio de 2019

D. R. ©2019, Calle y Poché

D. R. © 2019, de la presente edición en castellano para todo el mundo:
Penguin Random House Grupo Editorial, S. A. S.
Cra. 5a. A N°. 34-A-09, Bogotá, D. C., Colombia
PBX (57-1) 7430700

D. R. © 2019 derechos de edición mundiales en lengua castellana:
Penguin Random House Grupo Editorial, S. A. de C. V.
Blvd. Miguel de Cervantes Saavedra núm. 301, 1er piso,
colonia Granada, delegación Miguel Hidalgo, C. P. 11520,
Ciudad de México

www.megustaleer.mx

D. R. © fotografías de páginas interiores: Daniella Benedetti
D. R. © Lettering y concepto: Calle y Poché
Diseño y diagramación: Paula A. Gutiérrez

ISBN: 978-607-318-455-7

Impreso en México – *Printed in Mexico*

El papel utilizado para la impresión de este libro ha sido fabricado a partir de madera procedente
de bosques y plantaciones gestionadas con los más altos estándares ambientales, garantizando
una explotación de los recursos sostenible con el medio ambiente y beneficiosa para las personas.

Penguin
Random House
Grupo Editorial

Este libro está dedicado a:

Los que no le temen al amor y los que le temen con todas sus fuerzas;
Los que se sienten fuertes y los que aún no han reconocido su fuerza;
Los que se sienten diferentes y los que aman sentirse así;
Los que hemos amado a alguien con un amor infinito,
pero ese "alguien" se nos ha ido;
Los que quieren cambiar el mundo;
Las mujeres que son y serán sus propias heroínas;
Los padres a quienes muchas veces los hijos no hemos sabido entender,
cuando ellos no han sabido entendernos;
A nuestras versiones del pasado,
que no tuvieron una historia como esta para sentirse acompañadas,
y a nuestras versiones del presente,
para nunca olvidarla.

Ti.

¿Qué se siente que te dediquen un libro?

UNA NIÑA   OTRA

Érase una vez un niño que amaba a una niña, y la sonrisa de ella
era como una pregunta que él quería pasar la vida contestando.
ELLA

LA HISTORIA DEL AMOR
- Nicole Krauss +
AMALIA ANDRADE +
calle y POCHÉ

El amor aparece siempre en lugares insospechados. Como un conjuro de magia, se materializa en aquella persona que conociste una vez en una fiesta, cuyo rostro te pareció antipático. O tal vez en la chica a la que llevas siguiendo una pequeña eternidad a través de internet, pero a la que nunca le hablaste porque la idea de tomarle la mano se presentaba solamente en el plano de lo irreal. O en el chico que se sentaba en la parte de atrás de la ruta del bus. O en el mejor amigo de tu mejor amiga. O en tu mejor amiga (como sucede en este libro).

Alguna vez yo también me enamoré de mi mejor amiga, pero no se lo dije jamás.

Alguna vez yo también amé por primera vez, lloré por primera vez, sentí miedo de desear a la persona incorrecta por primera vez. Y como suele pasar en las primeras veces: me sentí sola, desorientada, actuando siempre desde la sospecha y la intuición. Y al mismo tiempo: me sentí embriagada, con los sentidos saturados, con las ganas tatuadas sobre la piel y el corazón hinchado, lleno de certezas. Así que eso era amar. Ese miedo, esas náuseas, toda esa vida, toda esa abundancia, toda esa posibilidad de jugar con lo infinito entre los dedos.

Hace mucho pasé por ahí y, sin embargo, al leer este libro me descubro habitando ese espacio de nuevo. Siento nubes grises en la garganta. Me dan ganas de soñar, de escribir veinte veces el nombre de alguien en la parte de atrás de un cuaderno. Y esta vez me dan ganas de hacerlo sin aprensión, sin recelo.

Quisiera viajar en el tiempo y dejar de ser la adolescente que gastaba todo su recreo mirando fijamente la boca de su mejor amiga, para pasar a ser la adolescente que gastaba todo su recreo diciéndole a su mejor amiga que la amaba y que eso no estaba mal. Que no existe un lazo más profundo que el se forja entre dos mujeres o entre dos amigas. Que el amor siempre está dirigido a otro cuerpo y que está bien que ese cuerpo sea igual al mío.

Así que pienso en este libro como una máquina para viajar en el tiempo. Una en la que me reconozco, me acepto y me permito reescribir mi historia sin miedo.

Amalia Andrade
Escritora e ilustradora
Autora de los libros *best sellers*:
Uno siempre cambia al amor de su vida (por otro amor o por otra vida),
Cosas que piensas cuando te muerdes las uñas y
Tarot magicomístico de estrellas (pop)
Cacher

CONTENIDO

M y yo
Cartagena 2017.

¿AUTOSABOTAJE?

En este momento creo que "nuestro secreto" arruinó nuestro futuro y que no hay vuelta atrás. O, quien sabe, quizá nunca tuvimos uno.

Estábamos decididas a decirles la verdad, pero no así. Jamás lo habríamos hecho así. Teníamos planes y esto... esto no estaba dentro de ellos. Y quizás ya no tenemos nada. Quizás esa foto sea lo último que se vea de nosotras.

Pero M, no es tu culpa.

Es la mía.

Me prometí tantas veces que yo sí sería capaz de reprogramar tu seguridad, que yo sí podría hacer que asimilaras que el amor no es una amenaza, que yo sí podría comprobarte que naciste con capacidad de amar. Me prometí y te prometí tantas cosas, que terminamos por creerlas.

Hoy me duele mucho escribir esto porque mi vida la quiero contigo. Me dijiste que estabas estropeada y que necesitabas un arreglo. Que estabas cansada de ser un obstáculo para ti misma. Que ya no querías convertirte más en tu principal impedimento cuando se trata de salir de tu zona de confort emocional. M, discúlpame tú a mí. Yo pensé que podía arreglar tus miedos. Yo pensé que podría amarte de tal forma que no quisieras huir. Yo pensé que era la cura. Ahora lo sé, fui demasiado ambiciosa. Pero pensé, te lo juro que pensé que podía. Yo no te hubiera prometido algo tan grande si hubiera dudado por un solo segundo de lo que fuimos, de lo que éramos y de lo que no sé si seguimos siendo.

Me enamoré… Y me enamoré tanto que a veces miro a las personas a mi alrededor y les hago el favor de desearles que algún día puedan sentir lo que siento yo contigo. Y te enamoraste… Te enamoraste tanto que creíste mis promesas.

Me han roto el corazón antes, pero no me ha importado darte los pedazos para que lo reconstruyas a tu antojo. En tu caso, me diste el tuyo, pero parece que no puedes evitar quitármelo de mis manos y, con los ojos llorando porque no lo quieres, romper tu propio corazón en pedacitos.

Sé que no fuiste tú, M, quien hizo lo que hizo.

Sospecho de tu miedo. El miedo que siempre te ha obligado a cometer autosabotaje.

Sé que si mi sospecha es real, no lo hizo para lastimarme.

Fue para lastimarte a ti.

El problema es que no calculó y el daño colateral fue el que nos lastimó a ambas. Qué impotencia ser testigo de ese mecanismo de defensa cuando te aleja del amor pensando que así te hará (y harás) menos daño. Qué impotencia saber que esta mañana éramos todo y que ahorita no podemos ser. Quiero despertar y que esta parte de nuestra historia no haya sucedido nunca.

Quiero que no hayas sido tú… no pudiste haber sido tú.

LO QUE FUIMOS

La vuelta al tiempo en un solo día

Si la escritura de mi ensayo no me hubiera dejado tan agotada, escribiría un cuento sobre mi día. El cuento tendría una estructura clásica: inicio, nudo y desenlace y sería una mezcla entre suspenso (por los momentos tensionantes que convierten el estómago y el alma en un nudo) y de ciencia ficción (porque la protagonista, yo, sería una viajera en el tiempo que primero va al pasado y después al futuro).

La historia iría más o menos así:

Inicio

Estoy en mi casa, sentada en el comedor con mi hermanita y mi papá. Es temprano, muy temprano, y desayunamos. Mientras le sirvo a Alana un plato de cereal y me hago un té inglés con leche y azúcar (como le gustaba a mamá), mi papá comienza a hablar sobre lo importantes que son la universidad, las buenas notas y las clases. En fin, sermonea sobre el futuro y cómo el estudio es la manera más probable de alcanzarlo. Parece que nos habla a las dos, pero sé que se dirige a mí: está preocupado por mi desempeño académico, y yo también debería estarlo.

Le cuento (por decirle cualquier cosa) que tengo que ver un clásico del cine para poder escribir mi último ensayo para la clase de Cine y Literatura. Parece que ha atrapado el anzuelo: deja el sermón, sonríe y me recomienda un teatro al que solía ir con mi mamá cuando eran novios. Asiento con la cabeza y le respondo frases genéricas: "Claro que sí, visitaré el cine", "Lo prometo".

Él parece feliz y puedo concentrarme en lo que realmente me importa: que Alana se coma hasta la última cucharada del desayuno.

Nudo

Cuarenta minutos más tarde, me bajo del taxi y llego al teatro del que me habló mi papá. Me doy cuenta de que viajé en el tiempo (aquí empieza la ciencia ficción). Parece que estoy en los años setenta: el edificio es inmenso y sus paredes grises, con grafitis que parecen cicatrices viejas. Un letrero, grande y luminoso, con letras negras y brillantes dice *Casablanca*. Voy hasta la taquilla y solo hay otra persona esperando, una chica muy alta y bien vestida. El vendedor se demora un buen rato en atendernos y, cuando por fin nos da nuestros boletos, entramos a la sala. Los asientos de terciopelo rojo parecen manchas de sangre bajo la luz de la proyección (empieza el suspenso). Solo estamos ella y yo. El resto: una multitud de asientos vacíos en medio de la semioscuridad que muerde el espacio. Ella se sienta al fondo, yo un poco más adelante, casi en la mitad.

Justo antes de que empiece la película, después de los cortos, hay una falla eléctrica en el teatro y nos quedamos completamente a oscuras. Siento terror (por la repentina oscuridad total y por perderme la película que necesitaba para escribir mi último ensayo del semestre) hasta que empieza a brillar una luz. Era ella, seis filas atrás de la mía, alumbrando el espacio con la linterna del celular.

Desenlace

Entre risitas de complicidad, salimos del teatro, pero las sonrisas se me acaban cuando veo que no tengo cómo devolverme para mi casa. La chica se da cuenta y se ofrece a llevarme en su carro con chofer. Cuando nos recogen, le cuento que si no veo *Casablanca* ese mismo día perderé mi primer semestre de universidad. Ella me dice que, coincidencialmente, tiene el DVD de la película en su casa, que si quiero me lo puede prestar. Cambiamos de ruta.

Primera parada: su casa y entrega del DVD. Cuando llegamos a donde vive me doy cuenta de que viajé otra vez en el tiempo. Esta vez al futuro: su casa parece sacada de una revista de arquitectura de épocas más avanzadas. La chica se baja del carro, entra a su vivienda futurista, recoge el DVD, me lo entrega y nos despedimos. Segunda parada: mi casa. El chofer me trae, veo la película con mi hermana, escribo mi ensayo en tiempo récord.

FIN.

Nota 1: El cuento real tendría muchos más detalles que este, que es solo un borrador.

Nota 2: La verdad no tengo ni idea de cómo se llama la chica que conocí hoy en el teatro, pero estoy casi segura de que su nombre empieza por "D" o al menos eso creo haber visto en los mensajes que le llegaban a su celular.

Nota 3: D (vamos a llamarla así) no soltó el celular ni un segundo y me recordó lo horrible y maleducado que es ese hábito. Es como si yo estuviera con un libro en la mano en todas partes y no fuera capaz de soltarlo y no dejara nunca de leer. ¿Qué tal que yo leyera en la mesa, en el cine y en clase mientras habla el profesor? Eso no estaría bien visto por nadie (y no estaría bien visto por mi mamá, que siempre me regañaba por vivir leyendo en vez de "socializar").

Nota 4: Aunque no me gustó que estuviera pegada siempre al celular, le agradezco que haya sido tan generosa. Poca gente es tan amable con alguien que acaba de conocer y gracias a ella pude cumplirle la promesa a mi papá. Le dije a D que cuando quiera puede ir al café-librería en el que trabajo por un *macchiato* de cortesía.

Nota 5: Ahora que recuerdo, nunca le dije cómo se llama el café…

Qué estupidez. Debí haberle dicho: "Te invito a un *macchiato* de cortesía en Mocca, el café-librería en donde trabajo y en donde, además, es posible tomar libros prestados como en las bibliotecas públicas".

Qué más da, me quedaré con el DVD…

Nota 6: Me gustó mucho *Casablanca* y a mi hermanita también. Creo que le sirvió para distraerse y se comió la mitad de las crispetas.

Hoy, casi tres años después de haber escrito por primera vez sobre ella en mi diario, me doy cuenta de que dejé por fuera del relato los detalles imprescindibles. Y aunque valoro los detalles por encima de cualquier otra cosa (algo característico de mí), entiendo que es normal: los diarios no son algo que uno escribe pensando en el futuro. Son, más bien, un registro de las preocupaciones que uno tiene en el presente, en el ahora. Y en ese entonces yo estaba muy preocupada por:

1) No perder el semestre (y no lo perdí).

2) La alimentación de Alana (que había perdido el apetito después de la muerte de mamá).

3) La escritura de cuentos (que desde ese día empecé a perfeccionar, influenciada por las historias de Raymond Carver y Cortázar).

Además, usaba mi diario para contarme a mí misma la historia de mi propia vida. Ahora lo uso para contar la historia de nosotras.

El día en que nos conocimos fue más o menos así:

Era miércoles y la película empezaba a las once de la mañana en el teatro más viejo de toda la ciudad. Llegué diez minutos tarde y la vi parada en frente de la taquilla, estaba en uno de esos ordenadores de fila (dos lazos recubiertos de terciopelo

rojo) mirando su celular. Me paré detrás de ella y nos converti-
mos en el principio y el fin de la fila más corta del mundo: o
todos habían entrado, o nadie más iba a entrar. Tenía susto de
que la película ya hubiera comenzado porque sabía lo que eso
significaba para mi semestre: una tragedia. Ella (en esos momentos era simplemente "ella") era mucho más alta que yo y
sus aretes largos y brillantes llamaron mi atención.

—¿Ves a alguien ahí? —le pregunté, impaciente y sin saludar,
movida por la angustia de haber llegado tarde.

—No —me respondió, señalando con el dedo un letrero café
oscuro pegado en la esquina superior del vidrio y que decía en
letra casi ilegible: "Estoy en el baño, ya regreso". Las dos nos
reímos.

—Perdón —respondí—. Es que no traje mis gafas y no al-
canzo a leer bien de lejos. ¿Estarán demorados?

Según la información de la página web del teatro, no había
proyección de películas clásicas después de la función de matiné. Esta era mi última oportunidad de ver *Casablanca* y no
quería perderme el principio de la película. "¿Qué diablos es
una matiné?", le pregunté a mi papá esa mañana, mientras hablábamos de mis entregas pendientes para la universidad. Y fue
así, a regañadientes y mientras le servía una taza de cereal a mi
hermanita, que conocí la historia del primer beso que se dieron
mis papás. Tenían más o menos mi edad y en vez de irse al
colegio se iban a la matiné a "ver una película": el nombre clave que le daban a lo que en realidad era darse unos besos a es-
condidas de todos. Y aquí aprovecho para hacer una confesión
que no hice en mi diario: mientras mi papá me contaba su his-

toria, no podía evitar imaginarme que los que estaban dándose besos en el teatro vacío éramos Lucca y yo. (Luego hablaré más sobre él).

—¿Por qué no averiguamos? —me dijo mi papá con una emoción que solo despiertan los recuerdos que hemos dado por perdidos—. Es posible que todavía exista el teatro.

—¿Ir a un teatro en la mañana? —respondí, tras una risa irónica—. Tú sabes que nunca voy al cine, prefiero bajar las películas y verlas en casa, pa.

Aunque ambas cosas eran ciertas, preferí ocultarle que 1) no había encontrado la película en internet y 2) que si no entregaba el ensayo "*Casablanca* y la novela romántica" antes de la medianoche de ese día, iba a perder mi primer semestre de universidad. Pero como sabía que mi papá no se iba a parar de la mesa hasta que yo le asegurara que iba a ir su dichoso teatro, no tuve más remedio que prometérselo.

Después de la muerte de mi mamá, me convertí en una experta para incumplir promesas. Ese defecto se convirtió en una costumbre. Así lo quisiera (y la verdad era que no lo quería), no podía cambiar mi actitud, ni me esforzaba por ser más sociable, ni les daba prioridad a las cosas académicas. "¿Me lo prometes?", era la pregunta favorita de mi papá, como si con ella se aferrara a la posibilidad de que yo un día fuera otra vez merecedora de su confianza. Como cuando por fin, tras muchos esfuerzos y notas mediocres, pude graduarme del colegio y él trató de convencerme para que estudiara Literatura. Lo logró, confiado de que mi pasión por los libros sería más fuerte que mi tristeza. Estaba equivocado, como siempre respecto a mí. En ese punto de mi vida yo seguía convencida de que nada nunca sería más grande que mi depresión y, a pesar de mi gusto por la lectura y la escritura, era irresponsable con todo lo relacionado con mi carrera. Pero esa mañana, después de la historia de los besos y el discurso sobre la matiné, decidí hacer un esfuerzo. Por él. Y a la larga, también por mí.

—Usualmente son muy puntuales —dijo la chica, alargando el cuello como si quisiera verificar que el vendedor no estuviera escondido en la taquilla—. No sé qué les pasó hoy.

—¿Usualmente? ¿Vienes mucho a las matinés? —pregunté sorprendida.

—Sí, este es mi teatro favorito.

La miré con curiosidad mientras me hablaba. De frente sus aretes no se veían tan escandalosos y aunque estaba sonriendo, parecía triste. Su pelo (café oscuro, como un *espresso*) estaba recogido en una cola alta y su cuello era largo y fino como ella.

Al verme tan curiosa, agregó:

—Venía con mi abuela cuando yo era más pequeña y desde entonces no he parado de venir. Además, tienen las mejores películas de amor.

Era obvio que para ella era una costumbre viajar en el tiempo: pasaba del futuro (su casa) al pasado (el teatro polvoroso que visitaba a menudo). Parecía un ser ajeno a esa realidad, parada allí en la taquilla, sola, perfectamente vestida, con su celular de última generación en la mano. A veces las apariencias engañan. Si la hubiera visto caminando por la calle, mis prejuicios me habrían llevado a imaginarla rumbo a un cine lujoso, en algún centro comercial de moda, en vez de al único teatro de la ciudad que parecía estancado en el tiempo.

—¿Y tú? ¿Cómo llegaste aquí? —me preguntó.

—Hoy mi papá me contó que cuando era novio de mi mamá se escondían aquí por las mañanas para no ir al colegio —respondí.

Sus ojos se iluminaron. El puntito de tristeza de pronto desapareció y sonrió, pero esta vez con todo el rostro.

—Qué inteligentes —dijo—. Si a mí se me hubiera ocurrido lo mismo, habría faltado todos los días al colegio.

A las dos nos dio risa su comentario, pero no alcancé a responderle nada porque en ese instante llegó el vendedor de las boletas a la taquilla. La chica se acercó a hablarle. No podía escuchar lo que decían. Miré el reloj, con miedo de que definitivamente me hubiera perdido *Casablanca*. Vi que sacó su billetera y pagó.

—La película todavía no ha empezado —me dijo mostrándome una boleta.

Empezó a guardar su billetera para retirarse de la taquilla. Era mi turno.

—¡Qué bueno! —Suspiré con alivio y metí mi mano en el bolsillo para sacar el dinero.

Ella se quedó mirándome.

—A mí me sobra una entrada, por si la quieres usar —dijo mostrándome en la mano la segunda boleta.

—Me da mucha pena —contesté—. Yo compro la mía, pero gracias.

—Es que si no la uso hoy no me sirve después —respondió, con un poquito de impaciencia en su voz.

—¿Segura? —le dije y ella sonrió—. Siendo así… —respondí y caminé apenada tras ella.

Por dentro el teatro era tan viejo como por fuera. Me pareció sorprendente que no lo hubieran remodelado para que se viera más moderno. No me refiero a un *look vintage,* porque ese no era el estilo del lugar. Era, a falta de una mejor palabra, viejo. Pensé que solo le faltaban las telarañas y los fantasmas para que fuera el set perfecto de una película de terror. También me sorprendió que el mostrador de las golosinas estuviera vacío y que las máquinas de crispetas estuvieran apagadas. Me sentí indignada e hice una nota mental: "Que no se me olvide decirle a mi papá que en su teatro fantasmagórico las películas empiezan tarde y no venden crispetas". Por andar haciendo estas reflexiones casi pierdo de vista a D, pero alcancé a ver la puerta por donde había pasado.

Al entrar, vi que ella se había sentado en la última fila. No había nadie más en la sala. "¿Será que me siento a su lado?", pensé, pero rápidamente decidí que mejor no, porque: 1) solo habíamos cruzado un par de palabras, o sea, éramos desconocidas 2) no me esperó para entrar a la sala y 3) yo había dejado mis gafas en casa y si me hacía en la última fila, no iba a ver nada. Me senté entonces seis filas por debajo de la de ella, mucho más cerca de la pantalla. Las sillas de la sala estaban forradas con el mismo terciopelo rojo que los lazos de la entrada y eran mucho más cómodas de lo que aparentaban. Puse mis pies encima de la silla que tenía al frente y pensé que, tal como había sospechado desde el inicio, nadie venía a las matinés. También pensé que tal vez no volvería, porque no me gusta ver películas sin crispetas.

Unos minutos después empezaron a rodar los cortos de las películas que iban a dar durante las mañanas de ese mes. Por primera vez me sentí encantada de estar en ese teatro viejo. Me dejaron de importar la falta de crispetas, el aspecto lúgubre, la tardanza en los horarios, y me imaginé regresando a la próxima matiné. Y a la próxima y a la próxima y a la próxima y así, hasta el infinito, envuelta en un sinfín de películas clásicas semana tras semana. Y fue justo entonces, cuando mi corazón estalló de alegría ante los cortos de *La ventana indiscreta,* que se fue la luz y todo quedó sumergido en una especie de baba espesa hecha de silencio y oscuridad. La chica prendió la linterna de su celular, podía escucharla haciendo sonidos que evidenciaban su nerviosismo, y casi de inmediato el señor de la taquilla entró a la sala iluminando todo con una linterna.

—Lo siento —nos dijo con voz perezosa y pausada—. Tuvimos una falla eléctrica y no vamos a poder proyectar la película.

Salimos en silencio de la sala y no hablamos hasta estar afuera. La chica no quitaba los ojos de su celular y yo no quitaba los míos de la calle, esperando que pasara un taxi. Entonces oí su voz diciendo: "Antonio, ya estoy afuera, ¿estás cerca?". Al colgar, cruzamos miradas.

—¿Por aquí no pasan taxis? —pregunté, intentando sonar lo menos desesperada posible y sin intención de que ella me respondiera.

—No muchos —respondió: —Por eso siempre me recoge el chofer —calló un instante y me miró fijamente antes de continuar—. ¿Tú para dónde vas?

—Para mi casa.

—¿Y dónde queda tu casa?

—A unas veinte cuadras de aquí.

—¿De verdad? Entonces no es tan lejos de la mía… —dijo—. Si quieres te llevo.

Antes de poder responderle, Antonio llegó y así como sucedió con las boletas, no pude decirle que no ante su insistencia. Nos montamos en la parte de atrás de una camioneta grande y blanca. Ella miraba con insistencia su celular y yo, más movida por la curiosidad que por el chisme, alcancé a ver que alguien llamado Samuel le acababa de mandar un mensaje. El mensaje empezaba por la letra D y, aunque no pude leer más porque no tenía puestas mis gafas, supuse que D era la primera letra de su nombre (así nació su nombre para mí: "D"). Cuando terminó de leer el mensaje se despegó del celular, miró al frente y suspiró. Era evidente que estaba frustrada.

—¿Por qué querías ver *Casablanca*? —me preguntó de repente, como queriendo distraerse de lo que acababa de leer.

—Porque necesito verla para poder escribir mi última tarea del semestre —respondí—. Si no la veo hoy mismo, no voy a alcanzar a escribir el ensayo a tiempo y corro el riesgo de perder el semestre. Voy a ver si ahora que llegue a mi casa la encuentro en internet.

—¿Y cuándo tienes que entregarlo?

—Hoy, antes de las doce de la noche.

M

—Pues hoy tienes buena suerte —dijo con una sonrisa llena de seguridad—: tengo *Casablanca* en DVD. Te lo puedo prestar.

—¿En serio? —pregunté, confundida—. Entonces, ¿por qué fuiste a la matiné?

—Quería que mi novio la viera conmigo en un lugar especial, pero finalmente no pudo llegar —contestó sin mirarme a los ojos.

—Ah —reaccioné—. Por eso tenías dos boletas.

—Sí —dijo afirmando perezosamente con la cabeza—. La otra era para Samuel.

No hablamos mucho más en el camino hacia su casa, que desde lejos parecía una estrella luminosa: un cubo gris con ventanales gigantes que brillaban con la luz del sol, rodeada por árboles grandes, fuertes, de hojas verdes muy oscuras, casi negras. La camioneta paró y de cerca la casa se veía aún más imponente. "Ya vengo, no me demoro", dijo D bajándose y, mientras volvía, Antonio me puso conversación. Me contó que la niña vivía con sus padres y que su hermanastra, que vivía en el exterior, estaba actualmente en la ciudad. También me dijo que ella era de las personas más generosas que iba a conocer y, antes de que me pudiera contar algo más, D tocó en mi ventana. La abrí y recibí el DVD de sus manos.

—Mil gracias de verdad. Me salvas la vida —le dije casi tartamudeando de la felicidad.

—No hay problema. Te va a encantar.

—Seguro que sí. Cuando quieras, puedes pasar por el café-librería y te regalo un café en agradecimiento.

—¿Tienes una librería? —preguntó, alzando las cejas como entre sorprendida y maravillada.

—No —respondí apenada por no haberme expresado bien—. Trabajo como librera y barista en un café que a la vez es una librería.

—Interesante… Gracias por la invitación —dijo sonriendo mientras se alejaba del carro—. Adiós y que disfrutes mucho la película.

D

Un niño con barba

Samuel, Samuel, Samuel. Siempre tan así, tan como es: inmaduro, prepotente y caprichoso. Tan incapaz de cambiar él y tan dispuesto a cambiarme a mí (por alguien más, obviamente). Y ni siquiera tuvo la valentía de terminar las cosas en persona. ¿Acaso es mucho pedir que al menos me mire a los ojos? ¿Acaso no me merezco unas palabras, un adiós, un "Hasta aquí llegamos, no quiero verte más, cuídate, chao"? No entiendo por qué esa obsesión suya por alejarse cuando yo he sido siempre tan paciente y comprensiva. Además, hice todas las cosas que son importantes para él y que a mí no me gustan: ver peleas de lucha libre, tomar cerveza, ir al estadio, bajar un poco de peso, en fin, un gran etcétera.

Y me da vergüenza admitir que la única razón por la que no esperé más a Samuel en el teatro fue por la chica de pelo azul: me dio pánico que se enterara de que me habían dejado plantada (un paréntesis: hasta ahora caigo en cuenta de que jamás me dijo su nombre y, creo, yo tampoco le dije el mío). Qué horrible todo esto. ¿Es que tengo que estar dispuesta a aguantarme los desplantes de Samuel siempre y cuando nadie se dé cuenta? ¿Por qué le aguanto todo con tal de que nadie se entere? ¿Me importan más las apariencias que sus desplantes? Eso sí que debería darme vergüenza.

El caso es que ya no tengo tiempo para sus berrinches. Y aunque sé que eso lo he dicho muchas veces, esta vez es verdad. En serio, ¿así se comportan todos los hombres de veintidós años? Lo único que diferencia a Samuel de un niño chiquito y malcriado es la barba (y eso que le sale poquita). Y aunque no sé si voy a ser capaz de superarlo (y tampoco sé si alguien más me va a amar tanto como él), voy a tratar de estar sola un tiempo. No voy a buscarlo. Así tenga que masticarme el dolor y tragármelo, eso haré.

¿Necesitas un tiempo para pensar las cosas, Samuel? Pues yo también. O por lo menos eso le voy a decir. También le voy a decir que ya tengo planes para este fin de semana y que me voy para una finca a las afueras de la ciudad con unos amigos nuevos. Y no, no me importa que todo eso sea mentira. Lo mínimo que puedo pedir es que sienta algo de celos después de todo lo que me ha hecho sufrir. Además, mi mamá siempre me ha dicho que los hombres no resisten la indiferencia y que si uno se hace la difícil, ellos vuelven. Y a ella esa teoría le funciona, porque papá siempre termina volviendo. ¿Será que Samuel, como todos los hombres, volverá cuando se sienta solo e ignorado?

Lo que más me enfurece es que me haya dejado plantada en un sitio que significa tanto para mí. Él lo sabe y aun así no le importó. Yo nunca le haría una cosa así ni a él ni a nadie. Pero

D

de algo sí estoy segura: a Samuel no le habría gustado *Casablan-ca* y a todo el mundo le gusta *Casablanca*.

Posdata: La chica que conocí hoy me dijo que es librera y barista pero no me dijo en dónde. Me dio pena preguntarle.

Samuel no me amaba. No me amaba ni un poquito. Y aunque eso ahora parezca evidente, y me dé rabia no haberlo visto a tiempo, he aprendido a perdonarme. Ahora entiendo las cosas con más claridad y comprendo de dónde venía mi confusión: yo pensé que Samuel me amaba porque creía que el drama, el rechazo y el conflicto eran demostraciones de amor, y pensé que era el hombre ideal porque tenía todas las características que nos han señalado como deseables a través de la historia: era guapo, popular, mujeriego, chistoso, experimentado, masculino, irritable, orgulloso e irresponsable. Y en eso, como en muchas otras cosas, estaba equivocada.

Acabábamos de pasar un mes viajando por Italia y yo estaba convencida de que todo había sido perfecto: la pizza, los besos, las fotos, la pasta, los monumentos, el vino, los viajes en tren y hasta los malentendidos. Y sí, ahora puedo reconocer que entre Roma y la Toscana tuvimos mucho más que "un par de malentendidos" y que mi ingenuidad no supo reconocerlos porque para ese entonces, y gracias a las muchas comedias románticas que construyeron mi lectura de la realidad, no había *malentendido* que no prometiera un gran desenlace: si algo podía deducir de las historias románticas era que sin drama no había reconciliación y que lo único que me separaba de la reconciliación era un poco de paciencia. (Otra cosa en la que estaba enormemente equivocada).

Y aquí debo hacer una pausa para aceptar otra de mis equivocaciones relacionadas con mi percepción del amor. Cuando digo "malentendidos" no me refiero a las cosas que "entendimos mal", sino a todo eso que debería ser inaceptable en una relación y que yo veía con normalidad. ¿O acaso existían parejas que no se mintieran y no se humillaran y no se insultaran? En ese momento no sabía que sí, y pensaba que la mía también tenía que encajar en el molde perverso de abuso y desamor. Así todo eso viniera únicamente de parte de él.

Gracias a la lógica de la que hablé anteriormente, estaba convencida de que a Samuel le faltaba poco tiempo para arrepentirse y a mí para perdonarlo. Tomaría tiempo, sí, pero se acercaba un final feliz. Como en las películas...

En eso también estaba profundamente equivocada. Por ahora, para no adelantarme, voy a usar una de las muchas anécdotas de nuestro viaje para explicar por qué me equivoqué con Samuel:

Anécdota del vino

Samuel tenía mucha más experiencia que yo tomando alcohol y sabía que el trago a veces me cae mal. Pero ninguna de esas dos cosas le impedía criticarme y decirme que yo era una inmadura cuando le rechazaba un trago. Y fue tratando de "seguirle el paso" que una madrugada durante nuestra estadía en Roma me desperté sola en el sofá de una discoteca. O bueno, casi sola.

A mi lado estaba sentada una chica más o menos de mi edad que amablemente me ofreció un vaso de agua. Se llamaba Ana. ¿Dónde estaba Samuel? ¿Por qué se había ido? ¿Por qué me había dejado tirada? A pesar de sentirme muy enferma pude hacerle estas preguntas y ella trató de responderlas como mejor pudo. Me dijo que se había quedado conmigo después de ver que un tipo me estaba gritando. También me contó que la forma en que él me trató le había hecho recordar una experiencia propia, muy parecida, en la que una ayuda como la suya le habría cambiado la vida. "Me quedé cuidándote para que no te pasara lo mismo que a mí", concluyó.

Después de unos minutos pude pararme, le agradecí su ayuda, le di un abrazo y tomé un taxi hacia el hostal donde Samuel y yo nos estábamos quedando. Cuando entré al cuarto él seguía dormido y tuve que despertarlo para preguntarle por qué me había dejado sola en la discoteca.

—Porque estabas borracha y necesitabas aprender una lección —respondió.

Luego, se quedó dormido de nuevo.

El regalo y la pesadilla

Hace un par de días me entregaron el ensayo sobre *Casablanca* y para mi sorpresa tuve la nota más alta de todo el semestre.

Entonces, ¿por qué no me puse feliz?

¿Por qué sentí un vacío en el estómago?

Después de pensarlo mucho, decidí no contar la noticia en mi casa. Quería evitar que mi papá hiciera una escena de padre orgulloso, como esas que teníamos cuando mamá estaba viva y recogía mis calificaciones en el colegio. No tenía ganas de celebrar ni de que me felicitaran. Después de todo, la vida es más sencilla cuando te acostumbras a que nadie espere nada de ti. Pero a pesar de tener clara mi decisión, cometí un error de principiante: dejé el ensayo encima de mi escritorio y mi papá lo encontró cuando vino esta mañana a ordenar mi cuarto.

Entonces esta tarde, cuando llegué a la casa después del trabajo, me encontré con todos y cada uno de mis temores: una torta, el techo lleno de bombas y en la mesa un regalo con una nota que decía: "Mamá estaría orgullosa de ti". Sentí una tristeza extraña y me vine corriendo al cuarto. No pude aguantar las lágrimas, hasta el punto de que el llanto me dolía y me ahogaba. Traté de usar el truco que me enseñó mamá cuando yo era chiquita: el de contar mi respiración y respirar muy profundo, pero no me sirvió y empecé a sentir lo mismo que siento en esa pesadilla recurrente:

Estoy flotando en la mitad de una piscina y tengo en cada brazo uno de esos flotadores amarillos que les ponen a los niños que no saben nadar. En el sueño me veo a mí misma desde lejos y parezco un puntico distante y diminuto que se mueve lento. Muy pronto siento que el agua se me viene a la cara y, aunque trato de mover los brazos para mantenerme a flote, no me responden. Intento gritar pero el sonido es inaudible. En medio de mi desespero, me doy cuenta de que los flotadores están desinflados y empiezo a ver todo borroso. Me empiezo a hundir, primero de a poquitos, después rápido, muy rápido, hasta que es indudable que me estoy ahogando. La pesadilla es tan frecuente y tan real que muchas veces me confundo pensando que es un recuerdo. Uno horrible. En la pesadilla siempre me siento como me sentí hoy: impotente y paralizada.

Mi papá y Alana tocaron mi puerta hasta el cansancio, pero yo no podía moverme y mucho menos abrirles. Tenía el corazón acelerado y no podía concentrarme en nada distinto al pánico que me engullía sin masticarme. Finalmente, mi papá abrió la puerta del cuarto con unas llaves que tenía para casos de emergencia y me abrazó hasta que me calmé y me quedé casi dormida en su regazo.

Sé que mañana me va a hablar del tema y, aunque lo quiero evitar a toda costa, tengo que pensar qué le puedo responder.

Entonces, volviendo al inicio, ¿por qué no me puse feliz?

¿Qué instante del episodio detonó mi crisis?

Tendré que pensarlo.

<u>Nota 1:</u> Hoy, inesperadamente, me encontré con la niña del teatro en el café-librería. Me dio mucha pena no tener el DVD de *Casablanca* conmigo para devolvérselo, pero ¿cuál era la probabilidad de que precisamente decidiera entrar a Mocca? Estaba con un tipo, creo que era su novio.

<u>Nota 2:</u> No hablé prácticamente nada con él, pero no me generó muy buena espina.

"Hoy me encontré con D en el café-librería. Me dio mucha pena no tener el DVD de *Casablanca* conmigo para devolvérselo, pero ¿cuál era la probabilidad de que precisamente decidiera entrar a Mocca? Estaba con un tipo, creo que era su novio".

¿En serio? Todavía no puedo creer que ese encuentro no me haya inspirado ni para escribir una quinta línea en mi diario. La única excusa que puedo encontrar es que ese día tuve lo que más adelante pude identificar como mi primer ataque de pánico y estaba agotada.

Entonces, ¿cómo fue mi segundo encuentro con D?

La vi caminando a través de la ventana, mientras tomaba la orden de la mesa que tenía vista a la calle. Iba caminando con un tipo y me dio la impresión de que estaba molesta porque tenía la cabeza agachada y los brazos cruzados. Creo que me demoré al menos treinta segundos ubicando su cara y cuando supe que era ella, la chica del teatro, pensé que de verdad me gustaría agradecerle y que tenía que devolverle el DVD. Pensé en que a) tal vez sí le había dado el nombre del lugar y yo lo había olvidado, o b) era una gran coincidencia.

Regresé al mostrador, que queda justo al otro lado de la puerta, y los vi entrar. D estaba mucho más arreglada que cuando la vi por primera vez. Su maquillaje y su ropa resaltaban inevitablemente entre tantos *jeans* rotos y sudaderas, y todo el mundo la miró, así fuera un instante. Recuerdo haber sentido algo parecido a los nervios, pero pensé que era porque no tenía el DVD conmigo y no podría devolvérselo si me lo llegaba a pedir. Bajé la cabeza y me puse a preparar un capuchino con la esperanza de que no me viera.

—Hola —le oí decir seria.

Mantuve la mirada y me concentré en la máquina de café.

—¡Hola! —repitió esta vez, un poquito más fuerte.

Seguí con la mirada fija en cualquier detalle irrelevante esperando que uno de mis compañeros apareciera milagrosamente para atenderla.

—¿Es que aquí nadie atiende o qué? —escuché que decía otra voz sin ninguna intención de ocultar su fastidio y prepotencia.

Subí la mirada y vi que la pregunta (retórica) venía del tipo que la acompañaba. También vi que yo era la única que estaba disponible para atenderlos.

—Hola —respondí mientras me acomodaba el delantal.

D me miró concentrada y con una mezcla de extrañeza y entusiasmo dijo:

—Tú y yo nos conocemos…

Yo no sabía qué responder y empecé a tartamudear una respuesta interminable tipo "Sí, creo que sí, nos conocemos, no sé de dónde, pero creo que sí, estoy casi segura de que sí nos conocemos, sí", y solo pude parar cuando ella me interrumpió:

—¡Del cine! Claro… Te presté un DVD y Antonio te dejó en tu casa.

Me quería morir. Resaltó justo los dos favores que me había hecho y algo de mí sintió que me estaba haciendo un reclamo.

—¡Claro que sí! ¿Cómo olvidarme de Antonio? —respondí e inmediatamente me arrepentí de mi respuesta.

—Qué coincidencia encontrarte aquí —dijo, sin quitarme la mirada—. ¿Verdad, Samu? ¿Te acuerdas que te hablé de ella? La chica del pelo azul que estaba en el teatro…

—Ajá, ajá, me acuerdo —la interrumpió—. ¿Y será que tu amiga nos puede atender? ¿O prefieren seguir conversando? Si quieren, yo les traigo un café a ustedes y se desatrasan de los chismes.

Pude ver la cara de incomodidad de D por la grosería de su noviecito "Samu", pero mi respuesta la tranquilizó.

—No solo los voy a atender… quisiera también darles unas cortesías que van por mi cuenta. ¿Por qué no se sientan mientras las preparo?

Samuel fue a sentarse en una mesa antes de que yo terminara mi frase y me quedé parada frente a frente de D.

—¿Cómo se te ocurre? No, no, no —respondió D apenada.

—Un… regalo para agradecerte el DVD… que no tengo conmigo porque no sabía que ibas a venir. Pero te prometo que te lo voy a devolver.

—¡No te preocupes! No hay ningún afán. Además, ¿cómo ibas a saber que íbamos a venir si nunca me diste la dirección? —preguntó, antes de caminar hacia la mesa.

Qué gran coincidencia.

Mientras pensaba en qué prepararles, vi que Samuel sacó algo de su bolsillo y se lo entregó a D. Ella miró el regalo, se lo puso en el cuello y sonrió, pero no demasiado. No me gustaba Samuel. No me gustaban su cara ni su sonrisa ni sus gestos. Traté de no mirarlos mientras les preparaba un par de macchiatos, pero fue imposible. Empezaron a discutir y la voz de Samuel llamó la atención de todos en la librería. (Nota mental: tampoco me gustó su tono de voz). Después de unos minutos, y antes de que yo terminara, se pararon de la mesa y en vez de dirigirse hacia la puerta caminaron hacia mí.

—¿Tienes cigarrillos? —preguntó Samuel.

—Lo siento, no vendemos cigarrillos en la librería —respondí con altivez.

Samuel fijó su mirada en los cafés que estaba terminando de preparar.

—No me gusta el macchiato —respondió, alejándose del mostrador sin siquiera mirarme.

Luego, se giró hacia D y le dijo: "Te espero afuera". Con un gesto de vergüenza, D me pidió que por favor lo perdonara. Me dijo que estaban teniendo un mal día y que él no siempre era así. Mientras me hablaba le escribí una nota en el vaso que estaba punto de entregarle, que decía "D: Un macchiato de agradecimiento" y cuando estiré el brazo para entregárselo vi el collar que le había regalado Samuel. De una cadena plateada colgaba una letra D llena de brillantes.

—No pasa nada, tranquila —le dije y me recibió la taza.

—Muchísimas gracias —respondió sonriendo—. Me encanta el macchiato. ¿Cuánto te debo?

—Absolutamente nada… Es un regalo de agradecimiento, como te escribí ahí.

Entonces D leyó la nota en voz alta:

"D: un macchiato de agradecimiento". Se quedó en silencio por unos segundos.

—¿Por qué me dices D? —preguntó.

Me quedé paralizada. No había pensado en eso. ¿Por qué le decía D?

—Tu nombre empieza por D... —respondí—. ¿No?

—Sí... así es —contestó confundida—. ¿Pero cómo supiste?

Casi me desmayo de pensar que lo sabía por andar de chismosa.

—Porque... es la letra que tienes en el collar —improvisé sin pensarlo mucho y se llevó la mano a su cuello.

—Me gustan las personas observadoras... —me dijo sonriendo—. ¿Tú cómo te llamas?

—A mí dime M. Por esa letra empieza mi nombre.

D

¿Perdido? ¿Él?

Hoy me vi con Samuel y cada segundo del encuentro fue un desastre. Los consejos de mi mamá funcionaron y después de unos pocos días de indiferencia me estaba rogando que nos encontráramos. Antes de decirle que sí, le hice un par de preguntas estratégicas para asegurarme de que estaba arrepentido:

Primera pregunta: "¿Por qué crees que estoy tan molesta?".
Respuesta: "Porque te tocó ir sola al cine".
Incorrecto: "Estoy furiosa porque me dejaste plantada y después terminaste conmigo, por tercera vez este año, con un mensaje de texto".
Segunda pregunta: "¿Entiendes por qué esas dos cosas fueron ofensivas?".
Respuesta: "Pues la verdad no, linda. No me parece ofensivo porque no estás teniendo en cuenta que ese día yo seguía borracho y no era consciente de las cosas que estaba diciendo. Tú sabes que yo no soy así y que te amo y que nunca más voy a hacer nada que te haga sufrir".
¿Incorrecto o correcto?: No lo tenía tan claro. No me parecía que lo del trago fuera una excusa válida, pero sí me gustó escuchar que todavía ama, y que estaba dispuesto a cambiar.

Además, yo también la he embarrado con tragos encima. ¿O acaso alguien no?

Teniendo esto último en cuenta le dije que sí, que podíamos ir a tomarnos algo. Me recogió por la tarde y me dijo que iba a llevarme a un sitio muy *cool* de cocteles que le habían recomendado. Le dije que prefería otra cosa que definitivamente no tuviera nada que ver con alcohol. Su respuesta fue la primera alerta: que no fuera mamona y aburrida, que lo dejara llevarme a un sitio especial y que yo pidiera otra cosa. Entonces, nos fuimos a un barrio al que no habíamos ido antes y, después de parquear el carro, nos pusimos a caminar. Le pregunté si sabía dónde era el sitio, porque estaba haciendo la cara que hacía cuando estaba confundido. "¿Cuándo en la vida me has visto perdido?".

Otra respuesta clásica de Samuel y de muchos otros hombres que no pueden admitir cuando se pierden. El barrio me pareció muy bonito aunque no tenía ni restaurantes, ni bares abiertos y era casi todo residencial. Obviamente estábamos perdidos y Samuel seguía negándose a pedir ayuda. Después de caminar durante veinte minutos, pasamos al lado de una casita que parecía hecha de dulces y galletas (como la casa de *Hansel y Gretel*) y alcancé a ver por una de las ventanas que había personas sentadas tomando café. Entonces paré (ya desesperada de estar perdida y con los pies adoloridos por los tacones) y le dije a Samuel que no iba a caminar más. Que o entrábamos a hablar en ese lugar, o llamaría a Antonio para que me recogiera.

Samuel solamente me había visto hablándole así a mamá y a papá, y por un instante pensé que me iba a responder con un

D

grito. Murmuró algo entre dientes, pero no cambió nada mi determinación, y entré. Por dentro la casa se parecía a la de los enanitos de *Blancanieves* y las paredes estaban cubiertas de libros. Samuel entró con su notoria mala cara y alcancé a pensar, por un par de segundos, que era mejor pedir los cafés para llevar. Entonces me acerqué al mostrador y vi a una chica con el pelo azul atendiendo detrás.

El caso es que la chica resultó siendo la misma que conocí el otro día en el teatro, y me dio mucha pena con ella porque Samuel le habló mal. Fue tan, tan grosero que ni siquiera quise agradecerle el collar que me regaló y no le volví a hablar hasta que me trajo a mi casa. Ahora que lo pienso, nunca había estado tan molesta con Samuel. Ni siquiera cuando se pone grosero conmigo. Es como si lo hubiera visto de otra forma, una que no me gustó, y desde que me dejó en mi casa me ha estado llamando, pero no he tenido ganas de contestarle.

D

Me impresiona saber que, a veces, las personas no reconocemos comportamientos sino hasta que los vemos claramente en alguien más.

Es como cuando tuvimos una pelea con nuestros padres y nos dijeron que estábamos siendo groseros. Pensamos que estaban exagerando hasta que, por casualidad, vimos a alguien más en la misma situación y es como si de repente nos viéramos en un espejo y no solo reconociéramos que sí les estábamos hablando mal, sino también lo feo que es.

Bueno, pues así me sentí ese día.

A veces recordamos las cosas con vergüenza de admitir que no siempre son como queremos. Como si al hacer un recuento de las memorias, lo que en verdad buscáramos fuera reconstruir una versión ideal de los sucesos, en vez de rearmar las escenas tal y como pasaron. Y es que así haya escrito originalmente que Samuel fue muy grosero (conmigo y con M), lo hice manteniendo una especie de pudor. Porque, siendo honesta, fue *peor* que simplemente perdernos o que tuviera una actitud prepotente.

Intentemos, esta vez, escribir las cosas tal y como sucedieron. Escena por escena. Sin editar lo feo.

D

Escena 1

El carro de Samuel frena al frente de mi casa. Lo veo desde la ventana de mi cuarto. La protagonista, o sea yo, está molesta, con el ceño fruncido y los brazos cruzados. El plano se cierra y se acerca hasta el reloj colgado en la pared: son las 3:38 p. m. Ella mira la hora y se da cuenta de que él tiene casi dos horas de retraso.

Nota: Primera mala señal que ella, obviamente, prefiere ignorar como siempre.

Escena 2

A diferencia de las películas (en las que el galán abre la puerta del carro después de darle un beso dulce a la protagonista y entregarle un regalo cursi), Samuel no se baja a saludarla. "Bueno, ya que llegaste, podemos ir a un lugar nuevo que queda por…", dice ella intentando mantener el tono de voz más cordial posible. Él se ríe y la interrumpe diciendo: "No, linda. Vamos a ir a un bar de cocteles que me recomendaron". Nuestra protagonista no quiere tomar licor. Preferiría un café, un té, una conversación, una cena romántica en la que pudieran tocarse los dedos por encima de la mesa. Intenta negarse (la cámara en su cara muestra que habla, que dice razones, que está dispuesta a no dejarse imponer la voluntad de él), pero Samuel empieza a decirle lo de siempre: que es una niña que necesita crecer. Ella cede (agotada, dibujando un gesto entre triste y resignado) y él, sin decir nada, arranca el carro haciendo mucho ruido.

D

Escena 3

Después de dar muchas vueltas por el barrio, dejan el carro en un parqueadero. No encuentran el supuesto sitio *muy cool* de cocteles y discuten. Este es el momento en que se hace un plano detalle a los zapatos de ambos. Primero, a los tacones de ella. Luego, a los tenis de él. Después, a los dos al tiempo, caminando rápido, girando aquí y allá, deteniéndose como buscando algo. Hay que hacer esto para que se entienda que no es lo mismo caminar de una forma u otra, para que se entienda que después de cuarenta minutos sin rumbo fijo ella está cansada, le duelen los pies, quiere sentarse. Ahora, regresan sus rostros. Ella está aburrida de pedirle a Samuel que paren a preguntar indicaciones. Él, con sus gestos de niño grande: torciendo los ojos y la boca, incapaz de mirarla de frente. "No más, Samuel. No más", le dice frente a una casa que parece salida de un cuento de hadas. Él se detiene y la observa de arriba abajo, un poco confundido, como si fuera la primera vez que la ve en la vida. Ella está hecha una furia: "¡O entramos a este café o le digo a Antonio que me recoja ya!", le dice intentando no gritarle a él, que la examina con curiosidad.

Escena 4

Desde que entra, nuestra protagonista sabe que la chica del pelo azul es la misma que conoció el otro día. "No mucha gente tiene el pelo de ese color", piensa. Pero decide, en un comienzo, hacer como si no supiera esto. No quiere parecer una loca, porque sabe que sería raro decirle de la nada: "Hola, soy la del DVD. ¿La que te regaló una boleta aquella vez que se fue la luz en el cine?". Por eso, decide actuar un poco cuando se acerca. Poner cara de intentar recordar algo, como si se estuviera concentrando en descubrir un misterio en el rostro de la chica de cejas oscuras. Tras un rato, la barista la reconoce y les ofrece a nuestra protagonista y a Samuel unos cafés de cortesía, sonriendo hasta de los desplantes de este, que con cada segundo se pone más insoportable y pesado. Nuestra protagonista sigue a su novio hasta la mesa y él le da un regalo: un collar con la letra de su nombre, "D".

Ella intenta sonreír, pero la sonrisa le sale fingida. Sabe que el detalle no tiene nada de romántico, que los regalos de él siempre son disculpas anticipadas: te doy algo y te aguantas mis escenas, mis desplantes, mis palabras hirientes después. Ella presiente que esa "D" en su cuello es la representación de lo que para Samuel significa el amor: una transacción donde el único ganador es él. Así que, envalentonada por la tristeza y la vergüenza, nuestra protagonista le dice muy seria: "No le vuelves a hablar así". Él la mira extrañado. "Ni a ella ni a nadie", agrega, un poco apenada. Samuel la mira feísimo, arrugando las cejas hasta casi juntarlas, y le grita: "Te espero afuera, me estaré fumando un cigarrillo". Sale, después de ir donde la barista, que, sin perder la calma, le sonríe y le dice que allí no venden cigarros.

Escena 5

La acción pasa al otro lado del café, a la barra donde está la barista con los dos *macchiatos*. Nuestra protagonista se acerca, roja de la vergüenza, sin saber muy bien qué decir. La chica del cabello azul le entrega su bebida y con curiosidad lee la nota: "D: Un *macchiato* de agradecimiento". Sus ojos se ponen grandes y curiosos como los de un gato. Se pregunta: "¿Por qué sabe la inicial de mi nombre?". La barista, antes de cualquier malentendido, señala la cadena y dice: "A mí dime M. Con esa letra empieza mi nombre".

Escena 6

Ya es de noche cuando Samuel la lleva a su casa. Están fastidiados y no dicen nada durante todo el viaje. Ella mira por la ventanilla cómo se van encendiendo las luces de la ciudad, una por una, como un gran mar de luciérnagas. Al llegar, Samuel frena en seco y sin mirarla le dice: "Bájate". Ella lo hace y tira fuertemente la puerta, esperando aún ese momento romántico en que el tipo corre tras la protagonista después de decir algo malo, la toma de las manos y le pide que lo perdone, que él cambiará, y en realidad sí cambia. En esa fantasía está ella, cuando oye que Samuel dice su nombre. Se detiene. Se siente feliz (un plano detalle de su cara es muy importante aquí), segura de que por primera vez la expectativa y la realidad son la misma cosa. Que sí cambió, que sí la ama. Pero no, lo que él le dice es otra cosa: "Dame el collar". Ella se lo quita y trata de aguantar las ganas de llorar. La cámara enfoca a D, que brilla bajo la luz de la luna.

Corten.

Lo platónico era perfecto

Hoy fue un mal día que terminó bien contra todo pronóstico (y en especial, contra mi propio pesimismo que a veces me paraliza). Un puntito de alegría que nunca cae mal y que me obliga a escribir esta noche, a pesar del sueño y del cansancio. Pero es que no me puedo (ni quiero) ir a dormir sin plasmar cómo me siento. Es como si tuviera el estómago lleno de mariposas. (Sí, caí en el cliché típico pero es que de verdad las siento). Me fastidian, y mucho, pero no puedo negar que las echaba de menos. Hace mucho decidí olvidar esa sensación porque simplemente creí que era mejor así. Hoy volvieron y no sé bien qué hacer…

Para empezar, la parte aburrida de mi día: me desperté tardísimo porque ayer me quedé leyendo hasta la medianoche (primer error), y cuando por fin me obligué a cerrar el libro y creí estar dando el paso correcto para irme a dormir, me di cuenta de que llevaba más de veinte minutos pensando en lo mucho que extraño mis conversaciones con Lucca (segundo error). Aparte de todo esto, el tercer y más grande error: anoche se me olvidó poner la alarma.

Me despertó Alana, sorprendida de que todavía siguiera dormida: "¿Hola? ¿Estás viva?", me decía mientras me pinchaba el brazo fuertemente. Cuando me desperté, lo primero que vi fueron sus ojos a punto de salirse y lo segundo: el reloj. Eran las siete y media de la mañana. No lo podía creer.

Mi clase empezaba a las ocho. Tuve que bañarme a las carreras, comer cualquier cosa y ponerme la primera sudadera que encontré. Típico de mí: como si fuera un viernes 13, me regué el jugo de naranja encima.

Cómo detesto la ropa manchada.

Luego tuve que correr a la calle casi tropezándome (entre las miradas de reproche de papá) y subirme en un bus que se demoró toda la vida en pasar.

Cuando por fin llegué a la universidad, el profesor no me dejó entrar al salón.

"Estas no son horas de llegar, señorita. Adiós", dijo, mientras intentaba cerrarme la puerta en la cara. Yo le respondí: "Es muy injusto, esto no es el colegio". Él alzó los hombros y dijo, sin siquiera mirarme: "Las reglas son reglas, retírese".

Me fui para la cafetería, arrastrando los pies, muerta de sueño y con un poquito de dolor de cabeza. Me senté sola en una mesa, pensando en cuánto odiaba esa mancha de jugo de naranja y en lo fácil que es decepcionar al mundo: a Alana, que, a pesar de que es una niña, es más responsable que yo; a papá, que quisiera que fuera más organizada y responsable; a mí misma, sobre todo, porque pareciera que no soy capaz de hacer las cosas mejor así me lo proponga y lo intente.

O tal vez no lo estoy intentando con la suficiente fuerza.

Sentí el peso del mundo sobre mis hombros. Hoy no habría iniciado tan mal el día si no fuera por andar soñando despierta, por pensar tanto en alguien *imposible*. Lucca, como si se tratara de un embrujo: oficialmente había salado mi día. Respiré profundo y decidí que era buena idea escribir sobre él. Hace mucho no lo hacía y de pronto eso me deshechizaba de una vez por todas.

Él era el gato y ella el ratón. El problema es que usualmente los gatos y los ratones no se enamoran. Es fácil imaginarse el porqué. Sin embargo, a ella al inicio parecía no importarle, al contrario, estaba fascinada por cada aspecto de su felinidad. De sus enigmáticos ojos y de su aire inteligente, de su estilizado cuerpo y de sus elegantes maneras. Lo miraba siempre (desde lejos), suspirando. Sabía que era invisible para él y que eso era lo mejor. De cierta forma le gustaba esa transparencia, porque así no tenía que armarse de valor. Lo observaba, de lejos, por horas, por días. Él pasaba a su lado y apenas notaba su existencia. Sus ojos nunca se encontraban.

Ella, sin embargo, sabiendo que quería más, le dejaba mensajes anónimos en los árboles al gato y él sonreía, fascinado por esas palabras bonitas que alguien dejaba para él. El gato, a su vez, empezó a dejarle mensajes de respuesta que hacían palpitar el corazón de ella. Así estuvieron por siempre. Los mensajes aumentaron, y las emociones también.

Contra todo pronóstico: el gato se enamoró, aunque no supiera de quién. Rompiendo esa regla absurda que dice que un gato jamás se derretiría por un ratón. Pero el ratón no se sentía suficiente para él y la simple idea de fallar le aterraba.

Pensó que solo lo platónico era perfecto, que él estaría mucho mejor sin ella, y huyó.

Fin.

El cuento = Una decisión incorrecta.

Eso me hizo sentir peor. Estaba arrugando el papel con mucha fuerza cuando sentí vibrar mi celular.

Quedé paralizada: lo invoqué. Era un mensaje de él. De Lucca.

8:58 a. m.: A veces me acuesto pensando en usted.
La tengo aún grabada en el cerebro. La tengo grabada
en la piel, así no conozca cómo se siente tocar la suya en
persona. Le confieso: mi afecto por usted no ha
disminuido ni un poquito.
Con cariño, Lucca.

Si hubiera estado tomando agua, la habría escupido como en las películas. Desde hace meses no recibía ningún mensaje de él. Yo tampoco había vuelto a escribirle. Así pasa con "esto". Él viene y va, yo hablo y me callo, estamos y luego ya no. Es un enigma, eso es lo que siempre me ha gustado de él y de lo que tenemos. Esa aura de perfecto poeta, de roquero, de filóso-fo loco, me ha encantado desde siempre. Me derrite. Me hace temblar las rodillas. Es así desde que estaba en el colegio y lo vi por primera vez.

Nada en el mundo podría hacerme olvidar ese día:

Mi mejor amigo del colegio, Manuel, me invitó a almorzar a su casa después de clases (era nuestra tradición semanal).

Ese día coincidimos en la mesa con su hermano Santiago, que difícilmente me saludaba. Cuando ya estaba servido el almuerzo en la mesa, salió de su cuarto un extraño que empezó a aproximarse al comedor.

"Él es Lucca, mi mejor amigo", dijo Santiago señalándolo.

Volví a la realidad y miré la hora: 9:30 a. m.

Me pasó otra vez. Otros veinte minutos pensando en él.

Me sacudí y corrí para entrar a la siguiente clase (Lingüística), donde tuve un *quiz* sorpresa que me puso a sudar. Cinco preguntas: me sabía dos y otras dos no. Queda la última, que no sé si estará bien o mal. Pero no me hago ilusiones. Así que estuve todo el día pensando en que me había tirado ese examen y en que había empezado con pie izquierdo el nuevo semestre. Luego, cuando fui a almorzar me di cuenta de que había dejado la billetera en casa. Lo que significa que tuve que enfrentar este día muriendo de hambre. Estaba buscando monedas en mi bolso para comer cualquier cosa, cuando sentí otra vez la vibración de mi celular. Me vibró el corazón. Pero no, esta vez no era él, era ella, D.

1:01 p. m.: Tengo mucho que contarte. D.

Desde aquel día que vino a disculparse por el comportamiento de Samuel nos hemos vuelto casi confidentes. Llevamos varios meses así. Es la primera amistad real que tengo en mucho tiempo. Ya es costumbre que ella visite el café los viernes y que, por supuesto, nos quedemos un buen rato hablando. Debo admitir que mi papá tenía razón, la tristeza sí se pude ir disminuyendo. No sé muy bien qué generó ese cambió de actitud en mí, pero me gusta echarle un poquito la culpa a esa extraña que ahora me escucha. En la universidad nunca hice amigos y, la verdad, aún no me interesa. Siempre he sido solitaria, pero con ella es diferente. Una de las primeras veces que volvimos a hablar, le recordé que había pasado el semestre gracias a ella y al DVD que me prestó. Me dijo que le alegraba pero me preguntó por qué, si era una muy buena noticia, mi rostro no lo demostraba. Rápidamente sentí una confianza extraña y le confesé que no la veía como buena. No sé en qué momento nuestra conversación evolucionó y terminó siendo una terapia improvisada en donde yo iba soltando todo aquello que tenía dentro. Le conté de mi mamá, de mi papá, de Alana, de mi tristeza, de los ataques de pánico que había empezado a experimentar y de mis miedos. Me escuchó concentrada, con la mirada fija y con sus ojos que parecen cambiar de color según sus emociones, y finalmente me dejó callada con su interpretación de lo que me estaba pasando en ese entonces.

"A ti te dio pánico que tu papá supiera que te había ido bien en el ensayo porque no querías que se hiciera ilusiones. Esa calificación era como una promesa que tú no estabas lista para hacerle a él, ni a tu hermana, ni a ti. No te alegró porque no querías que pensaran que esa era la primera de muchas buenas notas; el primer paso hacia tu mejoría; el principio de un futuro mejor. Porque no creías que eso pudiera ser posible. ¿Pero te digo algo? Yo no creo que sea una ilusión. Yo creo que al hablarlo empiezas a sanar. Y yo estoy en desacuerdo contigo porque yo sí creo que puede ser el primer paso hacia tu mejoría, si así lo decides ver".

Desde ese día he intentado creer que lo que ella vio en mí puede ser real. Empecé a ir a terapias con una psicóloga, y le encontré un nombre a lo que me encarcela:

ANSIEDAD.

La muy buena noticia es que la ansiedad ha empezado a disminuir notablemente en cuanto a mi estado anímico y a mi miedo irracional de fallarle a mi familia. Sin embargo, cuando la psicóloga pone el tema del amor, me sigo sintiendo ajena e incómoda.

Hoy en la librería fue una tarde vacía. Llovió mucho y casi nadie entró. Estuve todo el tiempo mirando el ventanal, con miedo de que D no viniera por la lluvia. Pero cuando estaba anocheciendo y empezó a escampar llegó ella. 7:00 p. m., puntual. Yo terminé mi turno y ella se sentó en la mesa de siempre. Pedí un machiatto para ella y un capuccino para mí. Los puse en la mesa y me senté.

—¿Qué tal tu día? —me dijo sonriendo, como siempre.

—No fue uno tan bueno, la verdad. Perdí mucho tiempo pensando en bobadas —respondí un poco frustrada.

—¿Y eso? —Le cambió la mirada lentamente—. ¿La "bobada" tiene nombre?

—¿Qué? —Intenté sonar despreocupada.

—Que si te gusta alguien, M —dijo un poco seria.

—No —respondí, nerviosa, sin entender la pregunta—. ¿Por qué?

—No sé, curiosidad —respondió y se rio—. En fin. Mejor que no te guste nadie.

—¿Samuel? —pregunté.

—Sí… Ayer quedamos de vernos para comer los dos. Y cuando vino a recogerme estaba con cuatro amigos. —D hizo una pausa, torció los ojos y suspiró—. Fue una noche para nada agradable.

—¿Por qué?

—El plan terminó siendo otro. En menos de una hora los cinco ya estaban borrachos. Tuve que llamar a Antonio.

—Y, déjame adivinar, ¿hoy no se disculpó? —pregunté y las dos nos reímos.

—Exacto —respondió D con una sonrisa de decepción—. Menos mal nadie te hace esas cosas.

En ese momento me llegó otro mensaje. Era Lucca. Otra vez. Me puse nerviosa.

—¿Estás bien? Te veo pálida —preguntó D.

Desde hace mucho tiempo, Lucca no me enviaba dos mensajes el mismo día. Bajé la mirada intentando leer rápidamente, y decía:

6:48 p. m.: No sé por qué le digo esto pero:
la amé con toda. Siempre me arrepentiré de haber revelado
que sabía quién era usted cuando lo hice.
Ojalá no fuera tarde ya.
Lucca.

Creo que se me aguaron los ojos al terminar de leer porque D me dijo:

—Me puedes contar, tú sabes. —Me miró con ternura y susurró—. ¿Quién es?

—Nadie, nadie… —dije, sin saber qué hacer. Si decirle o no decirle a ella. Si confiar o no confiar en esa calidez que me ofrece, en esa sonrisa amable que siempre tiene.

—Si así te pones por nadie, cómo sería por alguien —me respondió.

Tres años y muchas cosas después, releo mi historia con Lucca y siento como un vacío por dentro. Un vacío que no sé si llamar culpa o melancolía. Quizá es eso que le escuché una vez a papá: "Una nostalgia tan profunda para la que no existen expresiones, pero que no es del todo triste, sino que tiene un poco de felicidad y de calidez". Porque a pesar de todo, siempre tendré un lugar especial en mi corazón para él.

La historia de Lucca

A veces cuando visitaba a Manuel estaba él, mayor que yo por casi cinco años. Nos decíamos: "Hola". "Hola" y ya, por simple cordialidad. Era el típico hombre del que todos se enamoran en las películas románticas: atractivo, imponente, educado, misterioso e inteligente.

"Cierre esa boca, se le van a salir las babas", me decía en voz baja Manuel molestando.

Lo que más me gustaba de Lucca era su forma de hablar. Desde muy pequeña tengo la costumbre de fijarme en las cosas más insignificantes y extrañas. Puedo pasar por alto todo un rostro, pero jamás unos ojos. Si veo un bosque, mi mirada va hacia la flor más diminuta y frágil. Me obsesionan los detalles y la belleza de las pequeñas cosas.

Empecé a notar cosas que nadie más notaba: que cuando un mechón de su pelo le caía en la frente, él se lo arreglaba siempre con la mano izquierda; que le encantaba vestirse de *jeans* únicamente si en la parte de arriba tenía una *t-shirt* completamente blanca; que era zurdo, y que solo comía helado de macadamia, su favorito.

La primera vez que hablamos, o bueno, que lo leí, estaba encerrada en mi cuarto con los audífonos puestos, tratando de no oír la conversación que estaban teniendo mi abuela y mi papá. Ellos estaban en el cuarto de al lado hablando sobre las siguientes fases del tratamiento de mi mamá, y yo no quería enterarme de nada. Por un momento no quería saber ni de agujas, ni de medicamentos, ni de quimioterapias, ni de doctores, ni de hospitales, ni de diagnósticos, ni de estadísticas, ni de nada que me recordara la posible muerte o mejoría de mi mamá. Por esos días yo me distraía solo en internet y en unos grupos de escritura creativa que había encontrado ahí. Mi favorito era uno de poesía, aunque nunca tuve el valor de publicar los poemas que yo escribía. Ese día leí un poema que me llamó especialmente la atención:

No espero nada pero lo anhelo todo.
            Lucca

Hice clic en "Lucca" y estuve a punto de desmayarme cuando confirmé en su perfil que el autor era precisamente el mismo Lucca que había visto en casa de Manuel, y que me encantaba. En su perfil estaba su teléfono y guardé su número en mi lista de contactos, pensando que algún día me gustaría escribirle. Me fui a dormir y al día siguiente decidí que faltaba mucho tiempo para "algún día".

8:57 p. m.: Usted y yo somos de la especie que olvidó la esperanza para poder sobrevivir.

Lo mandé por mandarlo, sin esperar ninguna respuesta. Segura de que jamás habría una. Al día siguiente fui al colegio y me olvidé por completo de lo que había hecho hasta que llegando a casa mi celular vibró. Tenía un mensaje de Lucca:

5:35 p. m.: Me sorprende (gratamente) su mensaje.
Me gusta el misterio.
Y a usted, ¿qué le gusta?
Lucca

Creo que me puse de todos los colores. Lucca, el Lucca que me volvía loca, me estaba hablando. No directamente a "mí", pero se sentía como si sí. No podía dejar de imaginarlo escribiendo esas palabras que solo yo iba a leer. Era como un sueño extraño. Me sentía una Reese Witherspoon o una Julia Roberts en una película. Esa noche no dormí bien. Pensé en que cuando lo volviera a ver estaría el triple de nerviosa y en que no sabía muy bien cómo iba a manejarlo.

Así empezamos a hablar, sin que él supiera que yo era yo. Guardé su número con el nombre de mi operador celular, para que si alguien (que no debía ver lo que yo hacía) mirara la pantalla, creyera así que era un mensaje de texto promocional. Pensé inicialmente que la que estaba viviendo algo emocionante era yo, pero a Lucca pareció cautivarle lo de los mensajes de una forma que jamás hubiera podido predecir. Hablábamos todos los días, teníamos una conexión única y diferente. Y de vez en cuando coincidíamos en la vida real, únicamente cuando ambos por algún motivo estábamos presentes en la casa de Manuel y Santiago al tiempo. Cuando eso pasaba, yo era feliz, así no cruzáramos palabras sino únicamente miradas.

Pero ningún paraíso es para siempre. Un dicho dice: "Todo lo que sube tiene que caer". Estuvimos un par de años así; mandarnos mensajes era parte ya de nuestras vidas. Empezamos incluso a hablar por *mail* porque la factura del celular estaba llegando altísima. Pero pasó lo que siempre soñé: Lucca empezó a enamorarse. Nunca pensé que eso pudiera ser siquiera algo medianamente negativo, hasta que empezó a insistir en que quería conocerme de verdad, en persona. "Algún día, Lucca. El momento simplemente no es ahora", le decía yo. Pasaba un tiempo prudente en que seguíamos hablando de cualquier cosa y de todo, cuando de nuevo volvía a preguntarme si por favor podíamos ir a tomarnos un simple café. Mi respuesta siempre era un "No". ¿Razones? Miles: que para qué íbamos a romper eso tan especial que teníamos, que yo no estaba lista, que yo no iba a ser lo que él esperaba, que no quería decepcionarlo, que simplemente no era capaz. Yo estaba enamorada de él, pero yo creía que de cierta forma, él estaba enamorado de la idea que tenía de mí. Pensaba que mi relación con Lucca solo tendría futuro en mi imaginación, y yo quería cuidar ese futuro. No creí

nunca posible que, al vernos en persona, yo fuera capaz de retenerlo, de mantenerlo así, de que me quisiera igual, de que le
gustara como él a mí. Ni siquiera podía imaginarme articulando
una frase con sentido al frente suyo. Él siempre fue comprensi-
vo, pero me decía que lo que yo aseguraba no era cierto, que él
me juraba y me garantizaba que no se iba a decepcionar. En ese
momento no entendía por qué me decía eso con tanta seguridad.
Cuando mi mamá se enfermó, le contaba únicamente que estaba muy triste, y él sin preguntar mucho me reconfortaba. Le
empecé a hablar de mis miedos y de mis obsesiones, a decirle
cuáles eran mis intereses y cuáles mis sueños. Pero empecé a
sentir que sospechaba, pues comenzó a verme diferente cuando
estaba en la casa de Manuel. Me miraba como jamás me había
mirado antes, como si me estuviera leyendo.

Cuando falleció mi mamá yo necesitaba alguien con quien
hablar. Alguien aparte de papá y Alana, que estaban igual de
devastados. De cierta forma, quería poder ser fuerte para ellos.
Estuve tentada muchas veces de hablarle a Lucca de todo lo que
sentía, sin embargo, si lo hacía, le confirmaría de una vez por
todas que yo era yo, pues absolutamente todas las personas que
conozco supieron muy rápidamente la noticia de mi mamá, y
no tenía dudas de que Santiago ya le había contado, pues toda
la familia de Manuel asistió a la misa.

La siguiente vez que fui donde Manuel fue dos meses y medio
después del fallecimiento de mi mamá y fue porque le prometí
intentar distraerme. Manuel me convenció de ir a quedarme esa
noche: íbamos a cenar, salir a cine a ver una película de comedia
y regresar a dormir. Pero cuando llegué a su casa, Lucca estaba

ahí, se iba a quedar a dormir también (Santiago solía invitar a varios de sus amigos y se quedaban toda la madrugada jugando videojuegos). Por primera vez estábamos todos en la sala, Manuel y yo estábamos esperando a que se acercara la hora para ir al cine, y Santiago, que estaba ahí con Lucca hablando, empezó a tocar la guitarra. No escuchaba música desde antes de que pasara lo de mi mamá, y fue como si inmediatamente la música me hubiera llegado hasta los huesos. No aguanté y empecé a llorar. Manuel se levantó inmediatamente y me dijo que mejor fuéramos ya al cine, que "nuestros amigos ya están en camino". Me levanté a despedirme, pero esta vez Lucca fue quien se acercó lentamente, me miró a los ojos, y me abrazó. Quedé paralizada.

—Ánimo, todo estará bien —me dijo susurrando tan suave en mi oído que apenas pude entender lo que decía.

—Gracias —respondí agradecida en el mismo volumen que él había usado.

Apenas se terminó la película, nos levantamos todos de las sillas de la sala y comentamos lo mucho que nos había gustado la película. Agradecí haberle hecho caso a Manuel. Por una hora larga me distraje y estaba sonriendo después de tantos días. Desbloqueé la pantalla de mi celular para revisar si tenía algún mensaje de mi papá y vi una notificación de mensaje de texto.

8:57 p.m.: Ánimo, todo estará bien. Soy un idiota.
Debí decirle mil cosas, sobre todo "Estoy aquí, yo no la suelto"...

Bloqueé el celular. No podía ser real. Ni siquiera pude leer el resto del mensaje. Sentí que iba a ser el momento en el que oficialmente me desmayaría por primera vez. Sentí que el mundo me caía encima. Las manos me pesaron, el aire me faltaba, la pesadilla de estar ahogándome me cayó con toda su fuerza. Solo recuerdo que le dije a Manuel que tenía que irme de inmediato a mi casa.

Sentía una mezcla de emociones tan grande que no me acuerdo muy bien lo que le respondí a Lucca, pero sí sé que fue una semana después de que fui capaz de leer el mensaje completo. Sé que mi mensaje incluía cosas como: "no puedo creer que usted sepa que yo soy yo", "me siento muy avergonzada", "por qué no me había dicho antes", "desde cuándo"… Me sentía tonta, infantil, desnuda, frágil de imaginarme que todo ese tiempo él supo, y que yo inocentemente pensé que mi plan estaba siendo perfecto. Estaba tan, tan apenada. Y me di cuenta de que le había mentido con lo de que "había olvidado la esperanza" en mi primer mensaje, pues la había mantenido por mucho tiempo creyendo que el anonimato me iba a ir llenando de valor para algún día, cuando estuviera lista, poder ponerle una cita para tomarnos un café, y ahí, solo ahí: revelarle mi identidad. Y ahora la probabilidad de que yo fuera capaz de hacerlo se reducía a cero. Yo me inventé un juego y pensé estar manejándolo, pero en realidad la única que se quedó jugando al misterio era yo.

Pasó el tiempo y confirmé que lo que él me decía con tanta seguridad era cierto, de verdad me quería mucho. Seguimos hablando, seguía siendo igual de caballeroso y de oportuno con cada una de sus palabras. Creo que fui aceptando que tuviéramos ese secreto compartido, siempre y cuando no pasara nada más. Nos vimos varias ocasiones donde Manuel, y aunque al inicio quería salir corriendo, se volvió algo normal: actuar como si no supiéramos todo del otro y como si no nos quisiéramos tanto solo con habernos dicho unas diez palabras en voz alta.

Con el tiempo fue creciendo esa sensación en mí de que mi plan había salido de manera imperfecta. De que nuestro lazo rojo del destino nos había salido defectuoso. Y creo que fui alejándome de la idea platónica de ese "nosotros". Me alejé, aunque él dio todo de él para que funcionara, aunque me hizo sentir toda la seguridad de que yo sí era suficiente, aunque me mostró que ya no había nada que perder. Decidí que él estaría mejor si yo pudiera dejarlo seguir con su vida, enamorándose de alguien que sí pudiera darle un amor real, físico, presente.

Quería contarle a alguien. Quería narrarle a alguien mi historia, más allá de mi diario, más allá de mí misma. Y, entonces, llegó a mi vida D. Y esa noche en el café, cuando me puse pálida, decidí que le contaría todo a ella a la siguiente oportunidad.

Así fue. Y D me escuchó como nadie nunca me había escuchado.

D

Un favor a mi "yo del futuro"

Si este diario pudiera hablar, me diría que siempre le digo (o escribo) lo mismo. Que esta es la última vez con Samuel. Que él y yo no más. Que ya me cansé. Que tengo que aprender a valorarme, a darme mi lugar, a saber lo maravillosa que soy. Pero esta vez no son las simples palabras de una chica herida, sino el grito de independencia de una mujer. Esta vez es de **verdad**.

¿Qué es diferente ahora? No lo sé muy bien aún. Quizá la palabra correcta sea "cansancio". Cansancio de sentir que era para él un juguete de segunda, una niña chiquita a la que podía manipular, una tonta que se conforma con migajas de amor. Y el amor no puede ser un favor, sino un destino. Y el destino de Samuel y el mío no puede ser. Puede, incluso, que nunca haya sido.

No quiero divagar tanto. A pesar de que esta entrada de diario es solo para mí, quiero poder leerme a futuro y sentirme orgullosa de la mujer que soy a partir de hoy. Revivir una vez más nuestra historia y decirme, dentro de unos años, "Muy bien hecho, así es como es". Así que, sin más preámbulos, esto fue lo que pasó:

Después de esa última "fiesta" (cuando convirtió una cena nuestra en una salida con sus amigos), se desapareció dos días

D

en los que en sus redes sociales había miles de fotos suyas tomándose hasta el agua de los floreros. Me hice la loca. O, al menos, intenté hacerlo. Fui al teatro a ver películas viejas, me pinté mil veces las uñas de diferentes colores, caminé por la ciudad con o sin lluvia. En fin: hice de todo para sacarme a Samuel de la cabeza y hacerme a la idea de que no estábamos juntos.

Entonces, de la nada, con su carita de yo no fui, yo no rompo un plato, yo no mato ni una mosca, apareció un día en mi casa con un peluche de foca gigante. ¿Por qué una foca? No sé, pero me dijo que quería disculparse conmigo. "Perdóname, mi vida. No vuelve a pasar", me decía, y yo, derretida con su expresión de bobo enamorado que sabe poner de vez en cuando.

Antes de que me juzgues, "yo del futuro", sí: caí otra vez. Le dije que me prometiera (de nuevo, por enésima ocasión) que sería mejor novio. Más atento, más detallista, menos egoísta. Me lo prometió. Pues bueno, estuvimos bien dos semanas. Aparentemente el mejor novio del mundo, un caballero en todo el sentido. Me recogía en casa para irnos a cenar o a ver películas, no volvió a tomar ni a poner a sus amigos por encima de mí, no me gritó ni una vez durante ese tiempo, no me dijo nada con relación a mi cuerpo y todo lo que yo quería hacer, sin importar que no le gustara, lo hacíamos.

Pero hoy volvió a ser el mismo niño de barba de siempre. El mismo niñito grande, caprichoso, que ha sido durante estos años. Y yo, "yo del futuro", dejé de ser la misma boba aguanta todo (que sé que recordarás con un poco de vergüenza).

Hace unos días le había dicho que quería ir a ver la obra de teatro de *Les Misérables* que se estaba presentando en la ciudad.

[75]

D

"Claro que sí, mi vida", me dijo. Quedamos de ir hoy, pues. Yo compré las boletas. Quería invitarlo a él a mi mundo, alejado de esas fiestas ruidosas y pesadas en las que él quiere que yo esté metida con él.

La función empezaba a las 5:30 p.m. Quedamos en que él pasaría a recogerme a las 4 para tomarnos un café donde M. Desde aquella vez él no había ido, y quería que conociera a mi amiga, que se llevaran bien. Llegó la hora y nada. Samuel no llegaba. Samuel no contestaba el celular. Samuel no estaba en su casa ni en ningún otro lado, como si se lo hubiera tragado la tierra. 4:00. 4:10. 4:20. 4:30. 4:40. Yo caminando de un lado a otro, comiéndome las uñas, revisando el celular. La rabia me escalaba por todo el cuerpo, me ardía. Ya eran las 5:00 y Samuel no llegaba. Decidí irme sola, con la esperanza de que llegara en el último instante, como en las películas, con una disculpa: había pasado algo grave de último momento. Qué se yo, que había sido abducido por alienígenas. Lo que fuera, yo estaba dispuesta a aceptar cualquier excusa, con la esperanza de que me tomara entre sus brazos y enfriara mi ira con un beso dulce y tierno. Pero no. La vida hoy no fue una película en la que todo se resuelve en un segundo mágico. Salí de casa, sola, rumbo a la obra. Y "yo del futuro": descubrí algo que nadie más podía descubrir, me descubrí a mí misma. Después de mucho tiempo supe qué era tener un espacio mío, conmigo misma. Me di cuenta de que la soledad no es una carga, sino una oportunidad. Me sentí feliz por primera vez en mucho tiempo. De verdad, sin intentar llenar las expectativas de nadie.

Al regresar, Samuel estaba esperándome en la puerta de mi casa. Como no había nadie, nadie le había abierto. Olía a trago y tenía esa cara de borracho, como entre lobo y loco.

—Casi no llegas —fue todo lo que dijo.

"Yo del futuro": esta vez no imaginé sus disculpas gloriosas. No esperé algo que, ahora sé, nunca estuvo dispuesto a ofrecerme: respeto, amor, compresión, dignidad.

—No quería llegar. No me interesaba llegar —le respondí fríamente.

—Mejor ve y te cambias que nos vamos de fiesta.

—¿Nos vamos? Nos vamos me suena a paseo. Yo entraré a mi casa y tú te vas. No sé si de fiesta, no sé si a tu casa. Ya ni me importa ni me interesa —le dije sin mirarlo, dirigiéndome hacia la puerta.

—Cámbiate antes de salir, que esa ropa no te luce.

Respiré más hondo que nunca.

—Adiós —dije, mientras metía la llave en la cerradura.

Abrí la puerta y cuando iba a cerrarla conmigo adentro, Samuel puso su pie para evitarlo. Sentí su olor a licor cerca.

—Estoy hablando en serio: sube y te cambias.

—La que está hablando en serio soy yo —empecé a decirle, apartándolo de la puerta—. Tú a mí no me das órdenes. Tú te vas a ir, rápido y para siempre.

—¿Que qué? —preguntó, con una expresión confundida, tambaleándose un poco.

—¿No entiendes español? Por favor, vete y no vuelvas más.

—Pero yo te quiero, no me hagas esto.

D

—Pero yo a ti ya no, Samuel.

Cerré sin ver su cara. Y no voy a decir que no duele. Sé que lo voy a extrañar, mucho. Uno no puede arrancarse un pedazo del alma sin que no duela. Soy humana después de todo. No se puede borrar una historia de la noche a la mañana. Pero tampoco se puede vivir así.

D

Al releerme me siento orgullosa de toda la cantidad de cosas bonitas que gané al tomar esa decisión. Desde entonces no soy la misma. Sí, sigo amando las películas, amo ir al teatro, me gusta mil veces más un café que un coctel, pero soy una versión mejorada de mí. Una versión más madura, más fuerte, más rápida, capaz de amarse a sí misma sin buscar la aprobación de nadie. Jamás se puede romantizar el tipo de actitudes que tenía él conmigo. Ese tipo de cosas no son saludables y no pueden ser tomadas como normales o, tan siquiera, aceptables.

Agradezco que el tiempo me haya ayudado a sacar de mí toda esa negatividad con la que me intoxicó durante tanto tiempo. Y la mejor forma de hacerlo es a través de este diario. A través de las palabras.

La historia de Samuel

Fue un flechazo de esos que Cupido te lanza directo al corazón sin anestesia. Mis amigas del colegio organizaron un asado de reencuentro por el primer aniversario de nuestra graduación. Yo llegué un poco tarde ese día y al entrar me presentaron a Samuel. Esa noche nos quedamos juntos todo el tiempo, conversando en una mesa al aire libre por horas, al lado de la piscina donde todo el mundo se había metido. Nos gustaban las mismas cosas (al parecer), complementaba mis pensamientos (al parecer) y teníamos los mismos valores (al parecer).

El combo perfecto, pensaba yo. Ni mandado a hacer, me decían mis amigas cuando les hablaba de él. Empezamos a vernos de vez en cuando. Salíamos a caminar por algún parque o íbamos a un café a charlar como esa primera noche. Samuel era caballeroso y respetuoso. Nuestro primer beso fue caminando una de esas veces. Estábamos uno al lado del otro, sin rumbo fijo, hablando de cualquier cosa. Nos sentamos en una banca y ahí se quedó mirándome fijamente hasta que me besó. Desde ese día fuimos novios. Yo juraba que estaba en una película. Era novia de un hombre bueno, generoso, caballeroso, amable. Los ojos del amor te hacen ver cosas que no están, como si fuera un oasis en medio de un desierto que confunde tus sentidos.

Sin embargo, la ilusión tenía que resquebrajarse. Empezó con una llegada tarde, después se pasó de tragos, y fue creciendo así cada vez más, hasta que un día me alzó la voz. No quería ver el lado oscuro de Samuel. Quise creer que eran cosas normales, que el amor era así, que solo era "difícil" a ratos. Luego, cuando el verdadero Samuel fue demasiado evidente, me obsesioné con la idea de que aguantando podía mejorarlo o rescatarlo. Por esa tonta creencia normalicé un montón de cosas que nadie debe permitir.

Recuerdo el día en que fuimos a un restaurante italiano y Samuel pidió de entrada un carpaccio de res, una pasta corta de plato fuerte y una copa de vino tinto para acompañar. Todo sonaba delicioso, así que le dije al mesero que me trajera lo mismo que a él. No había terminado de hablar cuando preguntó: "¿Te vas a comer todo eso?".

En ese momento no entendí que detrás de su pregunta había una crítica a mi cuerpo y que su comentario pretendía controlar mi alimentación haciéndome sentir mal por tener el mismo apetito que él siendo mujer. Al contrario, sentí la culpa y la vergüenza que sentimos algunas mujeres cuando insinúan que somos irresponsables con nuestra alimentación o cuando nos señalan algo relacionado con nuestro peso. Le dije que tenía razón, que yo no era capaz de comerme todo eso, y le dije al mesero que cambiara mi pedido por una ensalada. Jamás volveré a cometer el error de dejar que otros decidan sobre mi apetito o sobre mi cuerpo.

Volviendo a esa noche en la que le terminé:

Cuando estábamos todos comiendo en la mesa, mamá me hizo una pregunta a la que respondí con una confianza nunca antes vista por mis familiares:

—Chiqui —dijo mamá rompiendo el silencio—, ¿por qué estás tan callada?

—Porque Samuel es un idiota —respondí.

—¿Cómo así? ¿Qué te hizo? —interrumpió papá con un tono de preocupación—. Si Samu parecía un bacán.

—Pues no todos *los bacanes* son buenas personas, papá —comentó mi hermana—. Y que conste que siempre te lo dije —concluyó, mirándome a los ojos.

Era verdad. Mi hermana Sabrina me había advertido desde el principio que Samuel era un idiota y que no me merecía. Ella tenía su misma edad y conocía en detalle todas sus historias y

D

embarradas, pero se había cansado de repetírmelas porque yo no le quería prestar atención.

Enseñanza: las hermanas mayores tienen (casi) siempre la razón.

Ese día, aunque me costó mucho, me di cuenta de que lo que él me daba no era amor.

El cielo está en mí

Hace unos días fui con D al cine y, al salir, se dio cuenta de que yo había llorado. En la película, la niña protagonista se quedaba a dormir donde una amiguita y en la mitad de la noche se despertaba, casi sin poder respirar, con un ataque severo de mamitis.

Mi mamá me contaba que cuando era niña no podía despedirse de mí ni en el colegio, ni en el jardín, sin que yo estallara en un ataque de llanto incontrolable. Según muchos era normal. "Para todos los niños es difícil pasar de los brazos de su mamá a los de la profesora, pero con el tiempo se van acostumbrando y finalmente lo superan". Pero mi apego hacia ella, esa necesidad de estar entre su abrazo, de quedarme a su lado, de escogerla a ella sobre todas las cosas, no fue superable, y nunca pude quedarme en la casa de una amiga sin que me diera un ataque de mamitis. Y creo que cuando por fin pude dejar de sentirme así, fue por una de estas razones:

1. Maduré.
2. Tener mamitis ya no es una opción. Tal vez la mamitis es una angustia que solo puede sentirse cuando mamá está en un sitio a donde uno puede llegar. Cuando uno se da cuenta de que ningún lugar en el mundo es mejor, ni más

seguro, ni más bonito, ni más cálido que el lugar en donde está ella. Uno se arrepiente de haberse ido en primer
lugar, y la mamitis es precisamente esas ganas incontro-
lables de volver ya a su lado. Cuando uno PUEDE volver
a su lado. Cuando ver a mamá es una opción. Y pues,
bueno, esa opción ya no existe para mí. Por más que
quiera, no puedo ir hasta las nubes a buscar a mi mamá.

—No tienes que ir hasta las nubes para estar con tu mamá, M.
Ella está contigo, es por eso que no tienes mamitis —me dijo
D, sin que yo tuviera que decirle ni una palabra de lo que estaba
pensando.

No pude agradecerle, pero su capacidad de ver lo esencial de
las cosas me ayudó a entender lo que el ruido de mi propia
mente me había escondido: que mamá no se había ido. No del
todo. No para siempre. Aunque papá, Alana y yo no pudiéramos
verla, sí podíamos hablarle, porque estaba justo aquí. Mamá está
dentro de mí. En mi pecho. No se cómo explicarlo, y tal vez
suene exagerado, pero la profundidad de sus palabras me trans-
forma. Ella me ha enseñado que los sueños no son ni imposibles
ni inalcanzables, pero tampoco son un milagro que aparece de
la nada. Los sueños son un propósito.

D me ayuda a entender lo importante. Me ayuda a entenderme. A salir de mi mente. A bajarle el volumen a mi dolor. A reír.
A soñar. A ser yo.

Me gusta la "yo" a la que D me devuelve, y la vida me gusta más, cada vez más, gracias a ella. Ella me devolvió un peda-

zo de mi corazón que pensé que era imposible de reconstruir. Y sé que hay una cosa que le voy a decir la próxima vez que la vea. Solo una cosa: que sus sueños también van a ser un reto mío y que voy a hacer todo por hacerlos realidad.

Porque ella hizo eso conmigo.

TE SIENTO

CUANDO NO SABÍAMOS QUÉ ÉRAMOS

¿Saber o no saber?

En el fondo se oía el sonido del televisor. Llevábamos horas sentadas sobre la cama de su cuarto y nuestras piernas cruzadas alcanzaban a tocarse. Eran probablemente las dos de la madrugada. Habíamos hablado de mil y un temas pero la conversación parecía no acabar nunca. La miré a los ojos con una atención casi hipnótica y concluí que eran claros y oscuros a la vez.

—¿Te parece? Eso mismo me decía mi primer novio —me dijo.

—Sí, depende, no sé si de la luz, de cómo te sientas o de algo que no sé bien qué es, te cambian de color… —No podía aguantar la curiosidad. Todo lo relacionado con el amor siempre me ha intrigado, probablemente porque no lo conozco muy bien y se me salieron las siguientes palabras casi que sin controlarlas—. Cuéntame de él. ¿Quién fue tu primer novio?

—Esteban. Él estaba en décimo grado y yo en sexto. Yo tenía trece pero parecía más grande. La mayoría de mis amigos eran de su curso; todos me decían que parecíamos de la misma edad, y ellos tenían como diecisiete en ese momento.

—Wow, estaba a punto de graduarse. ¿Duraron mucho juntos? —le dije.

—No, no tanto. Tal vez unos tres meses… —Pude ver que pensó por unos segundos si contarme o no el porqué, hasta que se decidió.

—Terminamos porque le contaron que me di besos en una fiesta con Sara, una niña de su salón.

Juro, por lo que sea, *j-u-r-o* que pensé haber escuchado mal. Así que le dije, realmente confundida y entristecida porque le hubieran puesto los cachos tan chiquita:

—Pausa. ¡¿ÉL se dio besos con una niña de su salón?! —(Creo que incluso llevé la mano a mi pecho como pasa en las novelas mexicanas).

D casi despierta a sus papás, que debían estar en el octavo sueño, con semejante carcajada:

—¡Nooooooo! ¿Qué?… YO me di besos con la niña de su salón. Sara era muy linda y demasiado segura de sí misma. Ella sabía que yo tenía novio pero no le importó.

Tragué saliva fuertemente y me tomé un momento antes de hablar.

—Y a ti… ¿Te importó?

—Me importó el hecho de que hubiera pasado estando con Esteban, porque no quise nunca hacerle daño. Pero, ¿si me importó el beso, dices? La verdad es que después de esa noche me quedó gustando más Sara que él.

Pausé unos segundos y sin darme cuenta bajé la voz:

—Y… ¿qué fue lo que tanto te gustó?

Sonrió.

—¿De verdad quieres saber? —me preguntó.

—Sí —respondí, sin titubear.

—Párate y te muestro.

No saber

No veía la hora de llegar a mi casa y describir detalladamente esta escena en mi lugar seguro: aquí. Donde nadie puede leerme.

Sencillamente, es el sueño más extraño que he tenido en años.

Devolviendo el casete:

Anoche fue la primera vez que decidimos con D (después de meses) variar un poco la tradición de los viernes: me invitó a charlar como siempre, pero esta vez en su casa; me dijo que era para que pudiera "salirme de mi espacio de trabajo de vez en cuando". Ofrecí llevar palomitas, sonrió cálidamente, me pareció acertado. Me recogió en la librería con Antonio y paramos antes en mi casa para que llevara lo necesario para quedarme a dormir. Y las palomitas, claro. Me prometió que hacía unas tostadas a la francesa de ensueño los sábados en las mañanas y simplemente no pude resistirme. Llegamos a su casa cuando ya era noche y me hizo un *tour* por cada uno de los ambientes. Yo estaba sorprendida. Todo era increíble y tan elegante: muebles blancos como la nieve, la decoración perfecta y espacios muy amplios.

—¡Mi chiqui! ¡Llegaron! —Se oyó una voz increíblemente dulce detrás de nosotras acompañada de pasos que iban aumentando la velocidad.

Me volteé en menos de un segundo. Era Paloma, la mamá de D. Quedé con la boca abierta, eran idénticas. Tenía una calidez y una ternura que pude percibir con tan solo las tres palabras que había pronunciado hasta el momento.

—¡Ma! —D se acercó a ella para abrazarla y exclamó sonriente—. Ella es M.

—Mucho gusto, Paloma, y muchísimas gracias por recibirme aquí —le dije con una sonrisa tímida pero intentando ser lo más cortés posible.

—¡Por fin nos conocemos! —respondió, y acto seguido me abrazó como si nos conociéramos de años—. Gracias a ti, que has sido una grandiosa amiga para mi hija.

Le sonreí a D y me sonrió de vuelta.

Sentí de repente que alguien más se acercaba, y al escuchar su voz supe que se trataba de Manolo, el papá de D.

—Mi vida, hola. —Saludó a D con un beso en la frente y enseguida se dirigió a mí—. ¡Mucho gusto! Tú debes ser M… Yo soy el papá de esta criatura.

Ambas nos reímos muy fuerte cuando Manolo cambió la voz al decir "criatura", como si fuera un monstruo tierno de una película animada.

—Jaja. Es un gusto conocerlos —le dije.

—Le dije a mi chiqui que hoy podías quedarte a dormir si querías, ¿sí te contó? —dijo Paloma amablemente.

—Sí, ¡muchas gracias! —asentí sonriendo.

—Ya le advertí que después de mañana será adicta a mis tostadas a la francesa —dijo D.

—Estoy segura de eso —respondió Paloma—. Entonces, buenas noches, mis niñas.

D me dijo que la siguiera. Al entrar a su cuarto me llamó de inmediato la atención lo mucho que reflejaba su personalidad. Lo primero que detallé fue un escritorio blanco, grande, espectacular, y, sobre él, los libros que tantas veces había llevado al café para hacer sus trabajos de los cursos de Diseño de Moda a los que se había inscrito. Tenía un montón de diseños de ropa perfectamente alineados en la pared, portadas de revistas, *post-its*, recortes y retazos de tela. Su cama era como la de una princesa, con una cabecera capitonada, *beige*, gigante, y una familia de almohadas que se veían exquisitas y suaves. Podría durar horas hablando de cada cosita pequeña que logré capturar en ese lugar. Pero el punto es que no sé en qué momento terminamos sentadas sobre su cama hablando sobre su amor por la moda, sobre mi amor por las palabras, sobre nuestras amistades presentes y pasadas, y sobre millones de cosas más.

En un momento D miró su celular, la luz de la pantalla le alumbró la cara y me miró mientras reía con los ojos muy abiertos para decirme que ya casi iban a ser las dos de la madrugada. No pude evitar decirle que sus ojos cambiaban de color a veces. Y bueno, el resto ya lo escribí.

Lo que no aclaré fue que la conversación realmente llegó hasta que me contó de una tal Sara, y que por besarla a ella su primer novio, Esteban, había decidido terminarle. Después de

eso me quedé sin muchas palabras y D, como siempre tan oportuna, propuso que nos fuéramos a descansar, que así no nos
despertaríamos a la hora de almuerzo y podría enseñarme su
famoso desayuno estrella.

Nos dijimos "Buenas noches", cada una se acostó mirando
a lados distintos, cerré los ojos y caí profunda.

Lo preocupante:

Soñé que le empezaba a hacer un montón
de preguntas raras a D.

Lo más preocupante:

Soñé que al final me besaba.

En ese momento definitivamente no sabía que lo que me parecía "tan preocupante" sería el menor de mis dilemas. Recuerdo que me desperté al día siguiente con muchos pensamientos en simultánea. Aunque cada vez nos sentíamos más cómodas de enseñarnos quiénes éramos y de contarnos las experiencias que nos habían marcado, sentí que esa noche oficialmente habíamos alcanzado un nivel más alto de conexión. Pensé por primera vez que tal vez ella era mi mejor amiga. No sabía por qué nunca antes había pensado siquiera en la idea de que D pudiera sentirse siquiera atraída hacia una mujer… ¿Había sido algo que había ocurrido una vez? o ¿a D le gustaban también las mujeres? No le pregunté, no sé si le hubiera parecido apropiado.

Pero lo que soñé, pensé… no se lo podía contar bajo ninguna circunstancia. "D, ¿ya están las tostadas? Ah, mira que mi subconsciente perdió la cordura anoche mientras dormía y rellenó la escena real con un beso entre las dos. ¿Tienes más *syrup*?".

No podía saber.

Por más que me apasionara toda la magia y el enigma que encierra esa experiencia universal de soñar, en esa ocasión decidí que no significaría nada. Mi mente se inspiró en todo aquello que habíamos hablado la noche anterior y fabricó una película sin sentido. Nada más.

(Eso pensé).

Podría decir ya mismo en cuáles de esas cosas había acertado y en cuáles no, pero prefiero que eso sea algo que se vaya revelando en el camino.

D

Tres decisiones

Hoy recibí una llamada de: Samuel.
Tranquila, "yo del futuro": fue una perdida.
O bueno, mejor aún: la dejé perder.

Mi celular sonó cuando almorzaba en el instituto y sin quitarme la cuchara de la boca miré la pantalla hasta que simplemente cesó. A él desde ese día no lo veo y la verdad —*amo poder escribir esto desde el fondo de mi corazón*— ya no lo pienso.

Después de que oficialmente le terminé, sentí un impulso por hacer todo lo que alguna vez pospuse. M me convenció de iniciar con los cursos de los que tanto hablaba de Diseño de Moda y ya llevo varias semanas en clases. Pasan los días y voy encontrando cada vez más convicción de que últimamente tomo muy buenas decisiones, y entre mejor estoy yo, más bienestar puedo ofrecerles a los que me rodean. M está dedicada a mejorar su desempeño académico cada vez más, y no falta por nada del mundo a sus citas con la psicóloga.

Nota: El otro día hablábamos de eso y de cómo es un tema tabú preocuparse por la salud mental, cómo nos enseñan desde pequeños que no podemos faltar por nada del mundo a nuestras citas de odontología, pero cuando somos grandes y hablamos de ir al psicólogo, la gente nos mira raro. Llegamos a la conclusión de que tener esos lugares seguros en donde puedas sanar los dolores internos es igual de importante a cualquier cita médica (o incluso más). Ella está motivada, sonríe mucho, le enseña sus buenas notas a su papá... no sé, se ve feliz. Y todo eso me confirma que he mejorado mi habilidad de tomar decisiones. Entrar a ese café, cerrar ese ciclo de mal amor, perseguir lo que realmente me gusta. Me pasé el resto de día con ese pensamiento: tres muy buenas decisiones.

Llegué a mi casa y entré al cuarto de mi hermana (formalmente mi hermanastra, hija del anterior matrimonio de mi papá). Ese era sin duda el lugar más tranquilo de la casa, y efectivamente, como pensé, estaba terminando sus ejercicios de yoga. La acompañaba música parecida a la que ponen en los *spas* y me senté en el piso mientras ella guardaba su tapete. Sabrina, como siempre, parecía vivir en un mundo mágico, es la persona más positiva que conozco, y aunque no se lo digo con tanta frecuencia, me llena de ternura la manera como siempre quiere enseñarme más y más sobre la importancia de la espiritualidad, sobre entender que somos seres multidimensionales, sobre fluir con el universo escuchando mi intuición.

Cuando le conté lo que venía sintiendo con los nuevos cambios de mi vida, con lo que ya no estaba (él) y con lo que había llegado (M), me agarró las manos y me dijo que estaba "removiendo la programación negativa y los bloqueos que había construido antes debido a memorias de dolor" o... algo por el estilo

D

(jaja). Que estaba orgullosa, que siguiera viviendo "el aquí y el ahora" y que quería conocer a M. Justo hace dos semanas M se quedó a dormir y conoció a mis papás; Sabrina había salido con sus amigas. Pronto sería.

Me estaba levantando para ir a mi cuarto cuando me dijo:

—Sissy, además en nada es tu cumpleaños. —Me detuve en seco, no me acordaba—. Qué lindo que recibas esta nueva vuelta al sol con esa energía.

—¿Qué día es hoy?… Se me había olvidado por completo.

—Diciembre 13. ¿Estás bien? Porque, para que a ti se te olvide tu propio cumpleaños…

Tenía razón.

Cumplo en dos días. Y mi cumpleaños es algo que me tomo bastante en serio. Es más, en este diario debe haber mil páginas de mi "yo del pasado" emocionada incluso dos meses antes de mi cumpleaños. Siempre he amado la sensación de tener un día que te acompaña desde que naces hasta el final. Todavía no entiendo cómo no estuve pendiente de la fecha este año. Quizás por primera vez estoy realmente feliz por más cosas externas y dejé escapar ese gran detalle. Es más, creo que le dije, mi cumpleaños a M en uno de los primeros viernes que nos sentamos a tomar café, y nunca más lo volví a mencionar. No la voy a juzgar por no acordarse, menos cuando ni yo pude.

Closer de Tegan & Sara a todo volumen. Camiseta ya desco-
sida que le robé a mi papá y que adopté como pijama predilec-
ta puesta. Luces completamente apagadas, a excepción de la
lámpara de mi escritorio. Termino lo que queda de mi cereal.
Mascarilla ultra hidratante de pepino en toda la cara. Tengo el
recuerdo intacto de cuando escribí esa entrada. No imaginaba
que lo que pasaría después me pondría el mundo de cabeza.
Ahora que miro hacia atrás, debí sospechar que algo estaba por
venir, porque una constante montaña rusa sería una buena forma de describir mis emociones. Siempre siento "algo", bueno o
malo, pero *algo*.

Pero ese día: nada.

Mi balanza de la templanza no se movía, ni calor ni frío, ni
alto ni bajo, ni más uno, ni menos uno, cero. Era como la calma
que existe antes de la tormenta. Estaba cómoda.

Definitivamente debí sospechar algo.

¿Recuerdan que cumplía años? Bueno, así fue el 15 de diciembre. Es decir: dos días después de esa última entrada.

D

7:00 a. m.

Sonó la alarma que programé en mi celular. Ya había un poco de sol entrando por las cortinas, el color que le ponía a mi cuarto parecía de película. Me estiré suavemente y me senté en la cama. Era 15 de diciembre y el solo hecho de saberlo siempre me pone en un muy estado de humor. Además, quería levantarme temprano para poder alistar todo para por la noche.

7:10 a. m.

(Más o menos) puse una *playlist* que habíamos armado con M hace algún tiempo y en la que íbamos sumando canciones nuevas que ambas íbamos encontrando.

La que hiciera el mejor descubrimiento semanal musical se ganaba poder elegir si comíamos palomitas saladas o dulces la próxima vez que viéramos películas juntas. Suena tierno, pero no lo era. Se convirtió en un tema serio. M insistía en defender las saladas a capa y espada. (Que quede por escrito: sigo en desacuerdo). Podíamos estar en la misma habitación y pasar horas en silencio, cada una con audífonos, buscando música en lo más profundo de YouTube, como si fuera un tema de vida o muerte, con tal de que nuestras palomitas ganaran.

7:33 a. m.

(Creo). Me estaba bañando cuando tuve que saltar para salirme de la ducha, cubierta hasta los pies de espuma, porque el agua se puso h-e-l-a-d-a.

Manía importante: detesto bañarme sin calefacción. Cuando pude bañarme con el agua a lo que es para mí una "temperatura tolerable", salí en mi bata del baño. Ya debían ser las 7:50 a.m., y como si lo hubieran calculado, mis papás abrieron la puerta de mi cuarto cantando al unísono "Feliz cumpleaños".

Manía mega importante: detesto que abran la puerta de mi cuarto sin avisar.

Esta vez ninguna de mis manías alteró mi estado de ánimo. La primera la dejé pasar porque en el momento me acordé de la escena en la que Emma se baña en *Easy A,* y amo esa escena. Y la segunda no me molestó porque ver a mis papás en la puerta, con globos, sonriendo como si se hubiera devuelto el tiempo y fuera aún una niña pequeña, me enterneció. Últimamente lo normal era verlos individualmente. Si mi mamá estaba en alguna habitación y mi papá necesitaba entrar, ella inmediatamente se salía. (Y viceversa). Era triste admitirlo, y es mucho peor escribirlo, pero, de lo contrario, discutían muchísimo.

Terminaron de cantar y los abracé con mucha fuerza (en todo el sentido de la palabra, literal casi los espicho). Los abracé como intentando algo imposible, como queriendo unirlos. Cuando era niña decía que un abrazo era el pegamento universal, un pegatodo. Me imaginaba a la gente como sencillos rompecabezas, y cuando veía a dos personas abrazarse me imaginaba (y casi que podía ver) un chorrito multicolor que pasaba de uno al otro, uniendo todas esas piezas que tenían sueltas por dentro. Como creía que un abrazo podía adherir de vuelta lo que estaba a punto de quebrarse dentro de las personas, yo andaba abrazando a todo el mundo a toda hora. Y aunque no estaba completamente equivocada, porque he comprobado que a veces realmente funciona, ese pegamento lamentablemente no es 100% a prueba de balas. Hay cosas que se rompen y que ningún tipo de pegamento puede reparar.

8:30 a. m.

Sonó el timbre y bajé entusiasmada con mi mamá. En *mi día*, mi abuelita Alba siempre llega a la hora del desayuno con su corazón enorme, un regalo (que guardo como si fuera un tesoro) y las mejores arepas caseras del mundo. Esa vez me regaló un álbum (hermoso) de fotos mías que había recolectado y pegado ella misma. Mientras lo veía, hablamos un buen rato sobre el gran parecido físico que compartíamos las tres. Me sentí halagada, amaba parecerme a ellas. Mi mamá mientras tanto preparó huevos revueltos con jamón, queso y maíz. Mi desayuno favorito hecho por mis mujeres favoritas. Sirvieron la mesa juntas. Estábamos ya todas en la mesa del comedor, incluyendo a Sabrina que ya había bajado a felicitarme emocionada. Todo estaba exquisito.

9:30 a. m.

—Esta noche tienes casa sola. Arma una fiesta de la que yo pueda estar orgulloso —me dijo papá, mientras caminaba hacia la sala y se ajustaba la corbata.

Mi papá siendo mi papá. Me reí.

Un año antes, también en mi cumpleaños, Samuel y mis amigos me convencieron de hacer una fiesta en la noche. Mis amigos más cercanos se encargaron de traer al DJ, quien trabaja en una de las discotecas más top de la ciudad, y yo puse el lugar (mi casa). Samuel no terminó llegando a la fiesta y aunque me afectó inicialmente, la noche resultó bastante bien y bailé muchísimo. Mis amigos más cercanos se quedaron a dormir después de que todo acabó, improvisamos con un montón de cobijas y almohadas poniéndolas por toda la sala, y pasamos lo que quedaba de la madrugada ahí: riendo, jugando, contando historias.

Pero esta vez habían pasado muchas cosas en un año y, la verdad, me imaginaba una celebración mucho más pequeña. Mis amigos, no. Me escribieron la tarde anterior por el chat grupal diciendo que si yo quería, tenían todo disponible para repetirla, y que incluso habían considerado tres opciones de lugares para que no tuviera que preocuparme por nada. Lo único que hacía falta era que yo les dijera si eso era lo que quería. Lo pensé bien, y acepté la invitación. No me había acordado de mi propio cumpleaños ese año, pero mis amigos sí. Pensé que además no me haría nada mal pasar una noche bailando, hace meses no lo hacía. Pero, eso sí, les dije a mis papás. No importa la edad que tenga, siempre les comunico lo que pienso hacer, me gusta que estén al tanto. Me sorprendieron diciendo que ofreciera la casa como locación, porque "así no estarían preocupados por la hora de llegada". Me pareció perfecto y les agradecí.

Solo había un problema: M.

No la había invitado.

Mi abuelita salió con mi mamá a hacer alguna diligencia y yo subí a mi cuarto para elegir lo que me pondría por la noche, pero

D

en vez de eso me lancé sobre mi cama. Me empezaba a cuestionar si debía o no decirle a M que era mi cumpleaños. Tuve varias oportunidades de hacerlo… pude haberle dicho dos días antes cuando me acordé, o el día anterior incluso, pero la realidad es que no quise. Odio admitirlo pero buscaba probarla ligeramente. Ansiaba ver si se acordaba de algo de lo que habíamos hablado tan remotamente. Si le decía, anularía la posibilidad de que M mágicamente me escribiera, y anhelaba que lo hiciera. Pero pensé que algo que anhelaba aún más era que ella fuera a la fiesta. Así que me motivé a llamarla, decirle que estaba cumpliendo, y simplemente invitarla.

11:01 a.m.

Estaba ya lista para marcarle a M. Pero pasaron varios minutos y aún no lo hacía. Mis principales excusas mentales fueron tres.

1. Pensé: "No quiero ser el recordatorio de que tiene que felicitarme".
2. Luego: "No quiero que se sienta obligada a venir".
3. Pero terminé en: "De verdad quiero que se acuerde".

Patética.

Finalmente me fastidié de mis propios pensamientos y agarré el celular bastante decidida a acabar con la idea de que yo sería alguna vez como la protagonista de las películas a la cual siempre sorprenden. Pero fue inútil, porque me detuve al ver mi muñeca izquierda. Me remangué bien el suéter *beige* que tenía puesto. Sí, tenía aún pintada con marcador la flechita pequeña que me había hecho M el día antes. Me acordé y repasé el momento intentando recordar sus palabras exactas:

—D —me dijo M *pensativa cuando salíamos por la puerta de Mocca, después de que terminara su turno.*
—¿*Sí…?* —La miré.
—*Mañana no venimos a la librería, pero quiero que tomemos café* —me *dijo mientras me alcanzaba el mío para llevar.*
Era la ocasión más oportuna para confesarle que cumplía "mañana". Pero no, mejor no.
—¡*Va!* —le dije sonriendo—. ¿*A dónde quieres ir?*
Se rio.
—*No, no. No iremos a ningún sitio* —dijo.
—… *Pero me acabas de decir…* —respondí bastante confundida.
Mientras me miraba, completó lo que estaba diciendo.
—*Que mañana vamos a tomarnos un café, sí. Pero cada una en su casa. Mira…* —dijo y abrió su mochila para sacar algo.
Se detuvo, así que hice lo mismo. No entendía nada de lo que me estaba diciendo.
—*M, ¿qué tenía tu café? Jajaja. ¿Qué es lo que dices?* —le pregunté, pero no me respondió nada.

M estaba especialmente concentrada buscando algo dentro de su mochila. Después de revolver todo lo que había en su interior, pareció por fin encontrarlo. Sonrió y sacó… un marcador negro. Si se tratara de una escena dibujada, me habrían pintado signos de interrogación por todos lados. Me

miró, se acercó el marcador a la boca y le quitó la tapa con los dientes. Yo
estaba atontada con la confusión del momento y veía detalladamente todos
sus movimientos. Con la otra mano me hizo un gesto pidiéndome que le
diera la mía. Se la di. La sujetó suavemente y dijo:

—D, mañana cuando veas esto… —Empezó a pintarme con mucho
cuidado algo en la muñeca y continuó—: … te vas a acordar de esta conver-
sación. Cuando pase eso vas a ir a la cocina a prepararte un café…

Tenía mucha curiosidad de ver con qué iba a salir M esta vez. La dejé
seguir hablando mientras intentaba descifrar el garabato que estaba termi-
nando.

—La idea es que me escribas cuando lo hagas, quiero ver si mágicamen-
te nos acordamos a la misma hora. —Tapó el marcador, sonrió y siguió
caminando.

Me miré la muñeca, me había pintado una flecha.
M siendo M, pensé.

11:15 a. m.

Me imaginé lo tonta que debía verme mientras bajaba emocionada a la cocina para confirmar si tenía algún tipo de telepatía
con mi mejor amiga. Lo peor de todo es que llegué en tiempo
récord. Elegí la cápsula de café que usaría para el experimento,
el sabor "Vanilio" estaría bien. Abrí la nevera, saqué la leche de
almendras y la puse en la mesa. Estaba tarareando alguna me-
lodía que se me ocurrió en el momento. Me gusta calentar la
leche en el microondas mientras la maquina hace su trabajo.
Así que abrí al gabinete en donde guardamos las tazas…Y…
las tazas. Dejé de tararear. Estaban todas normales, blancas,

impecables, menos una. Una tenía exactamente la misma marca que mi muñeca. Miré mi muñeca. Miré la taza. La flecha de la taza, también aparentemente hecha con marcador negro, señalaba hacia arriba, como si quisiera que viera en su interior. ¿Cómo era posible? Pensé en *Alicia en el país de las maravillas* y en la comida que le rogaba ser ingerida. La agarré nerviosa y la apreté con ambas manos.

"M…", dije (no intencionalmente) en voz alta cuando miré su interior.

Coincidimos.

No podía creer, ni entender, ni explicar. Creo que me temblaban un poco las manos. Leí la palabra varias veces. Sabía que era la forma de M de felicitarme. Y lo había hecho incluso desde antes de que yo me despertara a desear que lo hiciera. Cuando por fin desperté del efecto post-sorpresa que tanto soñé, cumplí la promesa completa: calenté la leche, preparé el café y al finalizar, con la taza aún caliente, le escribí:

No sé qué decir, M… Gracias.

Inmediatamente me respondió:

¿Funcionó?
Pensé que:
o se iba a borrar la marca al bañarte,
o no ibas a querer café,
o, por variar, ibas a quererlo en un vaso de vidrio.
Feliz día, D.

D

Escribí muy rápido:

Es que… ¿Cómo? ¿Cuándo?
Ven.
Ven hoy y respóndeme.

Sonreí al leer:

Acepto.

Era la primera vez que tenía al menos una idea de lo que siente esa protagonista de película cuando alguien hace un gesto así por ella. En el fondo no creí que M fuera a acordarse, menos que fuera a tomarse el tiempo de hacérmelo saber de esa forma, y mucho menos que yo fuera a sentirme como me estaba sintiendo. ¿Hace cuánto tenía presente mi cumpleaños? ¿Cómo se le ocurrió? ¿Por qué no me llamó y ya? ¿M era así de detallista siempre? ¿Cómo llegó esa taza ahí? ¿Esa era su letra? Lo que quedaba del día consistió en más preguntas y respuestas. Preguntas por el estilo que me hice a mí misma, y respuestas que le di a todos los mensajes y llamadas que recibí. Pero hiciera lo que hiciera, se repetía en mi mente el momento en que leí el mensaje de cumpleaños de M.

No sabía que, pocas horas después, un nuevo pensamiento lo reemplazaría.

Cuando nuestra amistad era apenas una novedad, tengo el recuerdo de que un día hablando con D sobre si creíamos o no en el horóscopo, mencionó, como algo secundario, que su cumpleaños era el 15 de diciembre.

Algo imprescindible sobre D: cuando da su punto de vista sobre algo importante, habla muy rápido.

Algo imprescindible sobre mí: no tengo exactamente muy buena memoria.

Aún no entiendo cómo recordé a la perfección algo que me dijo en menos de dos segundos, pero lo hice. Faltando un mes y medio para su cumpleaños empecé a aprovechar cada espacio libre del día para pensar en alguna forma de impresionar a D en su día. Me entretenía imaginarme distintos escenarios de regalos o formas de felicitarla. Era mi mejor amiga, quería que el primer cumpleaños que íbamos a celebrar juntas la hiciera sentir como tal. Para decidir qué hacer, definí lo que no quería ser para D; reducirme a un simple mensaje que olvidaría a los quince minutos, o a un regalo que no terminara significando nada. No buscaba un gesto majestuoso, ni una sorpresa impresionante.

Al contrario, mi propósito era que con el más mínimo de los detalles fuera capaz de hacerla sentir especial. Porque cuando algo nos hace sentir de una forma distinta, nos marca, sin importar su magnitud, y esa sensación inusual hace que el momento que la generó se deposite en el cajón de lo *recordable* que está dentro de nuestro cerebro. Mi capricho era ese, encontrar algo que D pudiera depositar allí. Y un día aleatorio cuando iba camino a casa decidí que ese "algo" sería una taza. Unas semanas antes conseguí una taza blanca y bonita y la marqué en el interior con una sola palabra. Esa sería mi demostración minimalista pero determinante para felicitarla.

Pensé que Antonio podría ser mi cómplice y la pieza clave para completar mi plan, y así fue. Faltando pocos días para el cumpleaños, estábamos terminando de tomarnos un café juntas en Mocca cuando D llamó a Antonio al celular para pedirle que la esperara afuera unos minutos mientras iba al baño. Fue el momento que aproveché para correr al cajón donde guardo mis cosas cuando estoy en turno, sacar la taza marcada y entregársela a Antonio, que estaba en la camioneta. Su misión era guardarla en una de las alacenas de la cocina de D el 15 de diciembre en la mañana, y mi tarea era conseguir que ella la viera de alguna forma.

Cuando por fin llegó el esperado día, la taza, contra cualquier pronóstico, funcionó. Pude leer la emoción de D a través de su primer mensaje de texto y me emocioné también. No habían pasado ni dos minutos y ya quería volver a producir eso en ella, sea lo que sea que "eso" significara.

Me dijo que fuera a su casa porque tenía muchas preguntas y la verdad es que ansiaba responderlas.

El labial tiene la culpa

Nota: *Escribiré esto, rogándole a no sé quién, que lo que hice anoche no haya ocurrido en realidad. Ojalá al terminar esta entrada sienta una sensación de hormigueo en cada una de las partes de mi cuerpo y finalmente me despierte.*

Ayer cumplió D y la taza (de la que tanto dudé) la hizo sonreír. O al menos eso sentí al leer su agradecimiento vía mensaje de texto. No veía la hora de contarle sobre esa noche en el café cuando entró al baño y agradecí al universo que su vejiga estuviera llena. "Ven", me decía D en el último mensaje de texto que recibí ayer en la mañana. La mataba la curiosidad de saber todo acerca de la taza marcada y acepté ir. El problema, que en el momento me pareció minúsculo, fue que no especificó la hora. No quería ser intensa, así que usé de guía la forma como funcionan los cumpleaños en mi familia; después de lo que sea que pase en el día, siempre tarde en la noche cuando estamos todos juntos cantamos el cumpleaños frente a una torta gigante. Supuse que sería igual en su casa. Cuando ya era de noche, mi papá se ofreció a llevarme. Siempre me llena de ternura su constante búsqueda de cualquier oportunidad para hacer algo generoso por Alana o por mí. Si supiera que sin hacer o decir nada ya es el mejor papá. Le prometí que no era necesario, que mejor se quedaran tranquilos ambos cenando. Pero Alana prácticamente me rogó hasta que terminamos todos metidos en el carro. En el camino me hicieron una graciosa confesión: estaban insistiendo tanto porque estaban deseosos de poder darle por fin un vistazo a la casa de la que tanto les había hablado. Cuando llegamos a la casa de D se me quitó la sonrisa al darme cuenta de que estaba llegando a una fiesta. A D se le olvidó mencionarme ese pormenor. (Que de menor no tenía nada). Había bastantes carros parqueados afuera, gente por doquier y música fuerte. Otra de mis pesadillas.

—Wow. De verdad sí es como la describes —dijo Alana con los ojitos bien abiertos mirando por la ventana, y finalizó diciendo—: ¡Qué linda es!

—Tú eres linda —le dije.

Mi papá me sonrió y me dijo:

—Saluda a D de nuestra parte y pasa bien.

Si no se tratara de D, no me hubiera bajado y le hubiera dicho a papá que volviéramos a casa. No me gustan las fiestas y mucho menos cuando llego a una sin saberlo. Pero era D, así que, pensando en cómo saludarla sin que se me notara el desagrado ante la situación, me despedí de los dos y me bajé.

Esperé hasta que el carro se alejó y ahí si caminé hacia la entrada de la casa tratando de pasar desapercibida frente a las personas que estaban charlando ahí fuera. Algunos voltearon a verme y puse las manos en mi pelo pensando que se debía al color azul de mis puntas. Unos pocos seguían sin quitarme la mirada y tardé unos pasos en darme cuenta de que era porque yo estaba entrando a una fiesta (que parecía sacada de *Gossip Girl*) en *jeans vintage*, *t-shirt* negra, chaqueta de *jean* y Dr. Martens.

La música sonaba tan fuerte que me parecía estúpidamente inútil tocar el timbre, así que metí las manos a los bolsillos de mis *jeans* porque además hacía un frío impresionante, y decidí esperar una señal divina. Como por arte de magia segundos después se abrió la puerta. Era un hombre que al parecer iba a fumarse un cigarrillo afuera. Me sostuvo la puerta y entré luego de darle las gracias. Admito que apenas crucé el umbral sonreí internamente porque me alivió la primera impresión que tuve. El ambiente de la fiesta era muy agradable. La casa estaba casi a oscuras, la única iluminación provenía de guirnaldas de luces de colores que estaban colgando en algunas paredes, había meseros cruzando con pasabocas y empezaba a sonar *Carried Away* de Passion Pit.

—Hola —me dijo una voz desconocida.

Me voltee rápidamente y estaba tan oscuro que casi choco con la persona que me estaba saludando. Me quedé en silencio al ver a un chico, alto aparentemente de pelo oscuro y lo que creo que era un saco de Tommy Hilfiger, mirándome. No veía bien su rostro pero estaba segura de que se habría equivocado. Lo debí mirar raro porque se empezó a reír.

—Acabas de llegar, ¿verdad? —me dijo con un tono ligeramente coqueto.

—Sí… no sabía que había una fiesta —respondí sin entender por qué me estaba hablando e intentando descifrar su rostro.

—Sabía que no te había visto antes, ¿cómo te llamas? —preguntó sonriendo como si mi comentario hubiera sido una respuesta a su flirteo inicial.

No alcancé a responder cuando sentí que alguien que estaba detrás de mí me agarraba la mano.

—Viniste —dijo D con un tono de voz tan distinto a todos los que le he escuchado que casi no la reconozco.

—¿D? —le dije intentando verla bien.

—No —me dijo sarcásticamente y casi que pude escuchar su sonrisa.

Sonreí aun sin poder verla. Todavía no me soltaba la mano.

—Discúlpame, Mao, me la voy a llevar un rato —le dijo D al chico alto.

—Tranquila, tranquila. Solo quería saber su nombre por si no la encuentro otra vez —inició respondiéndole a D y luego dirigiéndose a mí.

Giré el cuerpo y le dije:

—Mi nombre también empieza con M.

—Nos vemos —me respondió él riendo.

Volteé de nuevo hacia donde estaba parada D.

—Sígueme —me dijo D con el mismo tono de voz que usó inicialmente y me haló con fuerza la mano que tenía agarrada hace un buen rato.

Empezamos a hacernos campo entre las personas y yo me dejé guiar por su brazo sin saber a dónde me llevaba. D podría tomarme del brazo y llevarme a donde quisiera, yo iría feliz detrás de ella. No sé por qué pero así es. Las personas saludaban a D a medida que la iban viendo pasar, y era curioso, sabía que ella tenía una vida social muy distinta a la mía, pero no me imaginaba que fuera una tan activa. D se volteaba a mirarme de vez en cuando sin bajar la velocidad de sus pasos, como revisando que fuera bien ahí atrás suyo. Poco a poco empecé a acostumbrar mis ojos a la poca iluminación. *Gravel To Tempo* de Hayley Kiyoko sonaba de fondo. Cruzábamos lo que vendría siendo la sala de su casa y nos acercábamos a las escaleras cuando me concentré en lo que traía puesto D. Una camiseta *oversized* negra que estaba usando como vestido, un par de botas cortas blancas y sobresalía un poco la parte superior de lo que parecían ser medias deportivas. Amé que D fuera tan D. Empezamos a subir las escaleras, y estas sí estaban completamente a oscuras. Saqué mi teléfono con la mano que tenía libre y prendí la linterna para iluminar los escalones que D iba pisando. Llegamos al segundo piso y ella se volteó. Aunque yo seguía con la luz de la linterna apuntando hacia el piso, pude verla de frente. Su pelo estaba suelto y ondulado, los ojos le brillaban y tenía los labios perfectamente pintados con un labial rojo mate. Aún no me soltaba la mano, pero según su expresión corporal, ese era el lugar preciso a donde nos dirigíamos con tanto afán: el metro cuadrado que te recibe apenas subes las escaleras de su casa (que en esta ocasión estaba absolutamente a oscuras).

D era así, ocurrente. Así que no le solté la mano tampoco.

—Dos cosas: gracias y perdón —me dijo.

Me encantaba su labial, no podía dejar de mirarlo.

—¿Por qué la uno y por qué la dos? —le respondí.

—La uno por el mensaje de cumpleaños y la dos por no haber dicho que era una fiesta —me dijo.

—Pues, de nada y gracias. La uno porque realmente no fue mucho y la dos porque así no sufrí con antelación —le dije haciéndola reír.

¿Qué maldito labial traía puesto?

Se sentó en el piso soltándome la mano y sin hablar entendí que me invitó a hacer lo mismo. Puse mi celular recostado en la pared con la linterna aún encendida. La luz, aunque no apuntaba hacia nosotras, era lo único que mataba la oscuridad absoluta en ese lugar. Me senté a su lado, ambas teníamos la espalda en la pared. Ella empezó a preguntarme sobre la taza. La música se oía en un nivel en que podíamos escucharnos sin esfuerzo. Le respondí lo que me preguntaba y mi respuesta la hizo sonreír.

¿Por qué ese tono de rojo produce esto en mí?

De repente dejé de escucharla, como si el DJ, que estaba en el piso de abajo, le hubiera subido todo el volumen a la música y…

No quiero escribir más porque lo haría más real y cómo quisiera que no lo fuera. Lo que sí quisiera es aclarar que lo que pasó fue culpa de ese labial.

D

Lo que pasó, ¿pasó?

Casi nunca escribo de día pero hoy lo necesito. Esta madrugada, después de estar despierta desde las 7 a. m. de ayer, y después de la fiesta que duró casi seis horas, no dormí *nada*. Hoy me paré de mi cama agradecida de que al menos ya fuera de día para dejar de perder el tiempo intentando dormir. Ni siquiera he podido pensar en mi nueva edad, ni aún empiezo a acostumbrarme a un nuevo número porque no puedo sacarme de la mente lo que pasó anoche. O lo que no pasó y creí que pasó. Ya ni siquiera sé. Aunque *mi día*, ayer, consistió en momentos que quisiera escribir con detalles, por ahora tengo que poner cámara rápida y detenerme con calma en el momento que me tiene con un dolor de cabeza insoportable. Porque si no lo saco de mi sistema, me voy a enloquecer. Además mis papás y Sabrina llegaron hace unas horas a la casa (pasaron la noche fuera) y me siento mal de tener el desayuno que trajeron enfriándose en mi mesa de noche, pero es que no siento apetito. También me siento mal de haberle mentido a mi mamá, pero es que no puedo explicarle algo que yo no entiendo.

Aún.

—Cuéntame, ¿cómo la pasaste anoche? ¿Algún pretendiente? Algo te pasa, estás pensativa… —me dijo con un tono divertido y se sentó en la cama.

¿Sinceramente? No sé si hay algún(a) pretendiente. Yo creía que no, pero algo gigante pasó anoche que me hace creer que existe la posibilidad de que sí. Y eso es lo que me tiene así de pensativa. Y sí, de acuerdo: algo me pasa.

Pensé. Pero no se lo dije.

—Bien, ma. Gracias por confiarme la casa, la pasamos muy bien. Y pretendiente no, y que me pase algo tampoco —le solté entre dientes.

—Si necesitas algo, me cuentas —me dijo simplemente. Me besó la frente y bajó.

Sí hay algo que necesito. Desmenuzar mi cumpleaños.

Lo que pasó antes de lo que pasó

Ayer me levanté con cierta clase de desespero porque no sabía si M se iba a acordar de la fecha. Me sentía rara de tener tanta urgencia por recibir alguna señal de ella que me diera a entender que yo le importaba lo suficiente para aprenderse el día en que vine a este mundo. Y luego me sentí ridícula porque pocas horas después me di cuenta de que no solo se acordó sino que me felicitó, y de la forma en que yo menos esperaba. Aunque ante mis ojos de verdad fue un gesto hermoso, me confundía sentirme tan emocionada. Era mi mejor amiga, a fin de cuentas. Mi mejor amiga y nada más. Le dije por mensaje de texto que

D

viniera a mi casa y omití por completo el motivo. Si le daba la
mínima pista de que la estaba invitando a una fiesta, M iba a
pensarlo dos veces. La conozco bien. A ella le gusta el silencio,
la interacción con un ser humano a la vez y hablar únicamente
cuando, donde y con quien realmente le nace. Sin embargo,
hacerla incomodar un poquito era mejor que no verla.

Yo quería verla para que me contara sobre la taza marcada.

O: yo quería verla.

Así, sin nada más que complete esa frase para intentar justi-
ficarlo.

Cómo recuerdo lo que pasó

En la fiesta, una amiga me hizo saber que creía haber visto bajándose del carro a "mi nueva amiga", "la peli-azul" de la que le
había hablado antes. Fui a buscarla: 1) para que no se arrepintie-
ra y porque 2) el único rostro familiar y que podía convencerla de
quedarse era el mio. La poca luz no ayudaba para nada y moví
a todo el mundo para revisar en cada esquina de la casa. Cuando
por fin la encontré, estaba de pie hablando con Mao, a quien
había conocido en el intercambio hace años. Sabía que ella no se
le acercaría de la nada a hablarle a un desconocido y me dio risa
sentir que podía leer sus pensamientos de incomodidad. Así que
sin pensarlo le agarré la mano, cruzamos un par de palabras (literalmente creo que nos dijimos tres), me disculpé con Mao y a
ella me la llevé de la mano. El único lugar en donde realmente se
podía hablar con calma era en algún cuarto del segundo piso. La
llevé de la mano por todos lados hasta que subimos las escaleras

con ayuda de la luz de su teléfono. Todo el segundo piso estaba apagado (era la forma de recordarles a todos que nadie tenía autorizado subir). No sé por qué apenas di el último paso de las escaleras me quedé ahí. Frené en seco. No avancé más. Hice otro par de cosas sin saber por qué: no le solté la mano (incluso cuando ya era obvio que no iba a guiarla más entre la multitud), no prendí las luces, no caminé hasta mi cuarto, no hice nada más que hablarle un poco en la penumbra y finalmente preguntarme: *¿por qué no le he soltado la mano?*

Evalué rápidamente la situación, volví a mis sentidos, le solté la mano y me senté justo en ese lugar donde nos habíamos detenido. Puso el celular con la linterna dirigida hacia la pared. Estábamos a oscuras, las dos, hablando.

—Tenías preguntas esta mañana, ¿no? —me dijo M sin mirarme.

—Aún las tengo, pero hay algo que me gusta del signo de interrogación que quedó después de la sorpresa —le dije mirando también hacia la oscuridad que teníamos al frente.

—Mejor. Así no revelo mi estrategia —me dijo M.

Pero esa vez sí volteó a verme. Yo no quité la mirada de la oscuridad y aunque no soy capaz de asegurarlo, en ese momento sentí que me estaba mirando la boca.

—Sí que coincidimos ese día —dije mirando el mismo punto de antes—. Nunca había conocido a alguien en una situación tan fortuita. Además, yo no soy de invitar a alguien que no conozco a mi carro.

—Pues, yo no soy mucho de hablar… —dijo riendo, y me hizo reír también.

D

—Me quisiste rápido —le dije volteando la cara hacia la izquierda, hasta mirarla fijamente.

M se quedó en silencio. Pensativa. Mirando hacia al frente. No sabía qué iba a decirme y no podía leer lo que estaba pensando. La miré porque no entendía si mi comentario la había molestado. Recostó la cabeza en la pared. Y como si estuviera tomando una decisión, volteó el rostro sin despegar la cabeza de la pared. Le miré los ojos y ya no era una duda, me estaba mirando la boca. Se empezó a acercar. Tenía el corazón en la garganta. Ya era algo recíproco, yo le estaba mirando la boca. La tenía cada vez a una distancia más corta. Y cuando casi estábamos a punto de tocarnos la punta de la nariz…

—Cumpleañera, ¿eres tú? —gritó Andrés, un amigo del colegio desde abajo de las escaleras.

Salté. En milésimas de segundo giré mi cuerpo completo hacia la derecha y apagué la linterna.

—Andrés… sí, soy yo. Estaba buscando algo —dije con la voz entrecortada.

—¡Bájate de ahí! No sabíamos dónde estabas metida, vamos a bailar —dijo Andrés de una forma que me dio a entender que no había visto nada, y se fue cantando la canción que estaba sonando. Ni sé cuál era.

Nos quedamos ambas en silencio, sin mirarnos, en la completa oscuridad, no sé por cuántos minutos.

—Vamos, quiero que conozcas a mis amigos —le dije intentando parecer tranquila.

M, sin decir nada, asintió.

Bajamos y le presenté a mis amigos. Todos parecieron amarla. Bailé todo lo que quedaba de la noche. Ella también. Por separado. Nos miramos de vez en cuando, pero alguna siempre quitaba la mirada. Cuando ya eran las cuatro de la madrugada, se acercó a decirme que su taxi había llegado, que gracias por todo. La abracé. Me abrazó. Y se fue.

No puedo quitarme la sensación de haber tenido a M tan cerca.

Nunca se lo dije a nadie, pero cuando llegué a mi casa después
de la fiesta de D, mi nivel de ansiedad atravesaba el techo de mi
cuarto, del edificio, de la estratosfera. Me acosté en la cama sintiendo que el aire no llegaba correctamente a los pulmones. Me
senté. Nada pasaba. Imaginaba el oxígeno entrando por mi nariz
y extraviándose en el camino. Me acosté de lado. Giré a la izquierda. Luego a la derecha. Nada. Respiraba hondo pero no
funcionaba. Me levanté a dar vueltas por mi cuarto intentando
distraerme. Decidida a terminar con ese agobio, agarré el morral
de la universidad y lo desorganicé por completo buscando mis
audífonos. Ya sin prisa, volví a mi cama y puse la música en
aleatorio esperando que hiciera su efecto. *Touch* de Shura empezó a sonar. El desasosiego iba disminuyendo. Unos minutos después pude concentrarme en mi respiración hasta dominarla.

　　Estaba desorientada. Nunca alguien se había acercado a mí
buscando un beso como yo lo había hecho esa noche con D.
Para ser más precisa, nunca antes había dado un beso. Las únicas veces en que pude estar medianamente cerca de vivirlo me
sentí incómoda o supe en el fondo que no era la persona correcta. Esas veces me marcaron. Los besos, las parejas, los amores
correspondidos, la intimidad, las caricias, las citas: todo llegó a
ser territorio demasiado ajeno a mí. Lo veía en las películas, en
las canciones, en los libros, en los dibujos, en mis amigos, en

mi familia, en absolutamente cualquier persona que conociera, pero en mí no. No había podido identificarme nunca con el *amor*. Esa palabra me aterraba. Cuando estábamos ahí recostadas en silencio, no fue un momento en que yo pensara, analizara y decidiera lo que iba a hacer. De haber sido así, estoy segura de que no hubiera tenido la valentía de hacerlo. Actué como si eso fuera lo que TENÍA que hacer. Como bajo el efecto de una faceta mía que hasta el momento desconocía por completo. Como si todos los pensamientos que había acumulado por dentro se hubieran quedado mudos por fin.

Casi beso a D = mi mejor amiga + una mujer + por iniciativa propia.

La ecuación completa me hizo experimentar una sensación de lejanía absoluta con este planeta. Como si alguien hubiera alquilado mi cuerpo por unos segundos y ese alguien fuera un completo extraño. Pensé todo eso y luego pensé mucho más. Una idea llevaba a otra y podía escuchar en voz alta mis pensamientos. Lo que más miedo me dio fue darme cuenta, después de horas de lucha interna de que había algo en el núcleo de toda esa desorientación que me hacía sentir más cómoda que nunca. La idea de que sentirme tan perdida me podía llevar a encontrarme empezó a mitigar el miedo. Me empezó a aliviar quitarme la venda después de tanto tiempo de ignorarme a mí misma. Considerar la idea de que de pronto ese terreno tan extranjero podía ser también para mí, me llenó una parte del corazón que no sabía que tenía. Pero sí pude sentirlo.

Recuerdo que finalmente me permití pensar: *D estaba hermosa.*

Me fui tranquilizando y, sin saber qué podría estar pasando por la mente de D, le escribí un mensaje de texto.

D

Solo con recordar esa noche puedo volver a sentir la respiración de M por primera vez, cerca a la mía, en la oscuridad. Tenerla a esa distancia marcó un antes y un después. Pasé la mañana pensando en ella, en cómo me miraba, en mis ganas inexplicables de verla, en su mano entrelazada a la mía, en cómo estaba vestida, en cómo le dije que me siguiera, en lo que nos habíamos dicho, en cómo yo no le soltaba la mano, en cómo se quedó concentrada en mi boca. En un momento dudé si sí había sido ella la que se había acercado primero. Lo repetí en mi mente, lo escribí, y lo leí tantas veces, para volver a asegurarme de que sí. Me sentía rara al hallarme sonriendo cada vez que confirmaba que la iniciativa sí había sido suya. Y me sentía frustrada cada vez que pensaba en que así hubiera sido ella, podría estar profundamente arrepentida. Me preocupaba el desenlace. Tenía mucho miedo de que a M le incomodara lo que había pasado y no me viera como antes. Ya no quería que me viera como antes. Quería que me viera como me vio esa noche. Yo no iba a poder ignorar lo que había pasado. No iba a querer actuar como si nada. Quería saber qué había llevado a M a acercarse tanto, porque quería encontrar la manera de volver ahí:

a centímetros de ella.

D

Estaba en lo correcto. Yo no pude ignorar lo que había pasado y no actué como si nada. Yo era otra desde que M me vio como tal la noche anterior. El silencio que compartimos fue el último residuo de calma que me quedó. La tormenta inició apenas ella me miró la boca. Pensé en *cómo me miraba*. Y también pensé en que no servía de nada porque M seguramente iba a fingir demencia, o simplemente nunca más me iba a hablar. Hasta que mi teléfono vibró.

Era un mensaje de texto de ella.
Pensé que estaba alucinando.

Me había callado.
Literal.

No me voy a explicar. Ni siquiera lo voy a intentar.
¿Descansaste?
M.

Si M me hubiera visto…
M es así. Imprevisible. Imposible de descifrar. Cuando piensas que su siguiente movimiento es claro como el agua, te demuestra que no. Es imposible de prever. No hay forma de prepararse cuando se trata de ella. Me causó gracia saber que ni siquiera ella era capaz de explicarse. En el mensaje se refería directamente a lo que había pasado y eso me sorprendió. La salida más fácil era aparentar que nunca nos acercamos, y M no había querido lo fácil. Eso era bueno, ¿no? Lo volví a leer.

No sabía si era por mi estado de impacto que cada vez que lo leía lo escuchaba con una intención distinta.

a. Es una señal positiva. Asume lo que pasó con franqueza y considera que es algo que no necesita ni quiere explicar, porque lo hizo porque quiso. Abre una pregunta al final porque está sintiendo lo mismo yo.

b. Aunque no fingió demencia, quiere decir que fue un impulso, un arrebato. No quiere ni va a intentar explicarlo porque no tiene cabeza ni cola. Abre una pregunta al final como diciendo que pasemos la página porque no está sintiendo lo mismo que yo.

Para saber si alguna de esas dos intenciones era correcta, o si M estaba sintiendo cualquier otra cosa, necesitaba estudiarla en persona.

Me preparé para lo mejor:

Si la intención de M había sido la primera, quería encontrar la forma para que ella entendiera que la mía era la misma.

Me preparé para lo peor:

Si su intención había sido la segunda, ojalá me diera cuenta lo más rápido posible para intentar ocultar lo que estaba sintiendo.

D

Dentro de poco

Ya van a ser siete horas desde que cerré el diario convencida de que no había
más de lo cual desahogarme (por hoy).

Me equivoqué.

Hoy no ha sido un día normal y cada segundo compruebo que
no va a ser nada parecido a uno.

Porque *ya van a ser tres horas desde que recibí un mensaje de texto de M.*

Y lo único que sé con certeza es que el mensaje terminaba
con una pregunta. Lo que significa que así esté: 1) arrepentida;
2) avergonzada, 3) confundida, 4) molesta o 5) todas las anteriores, no fue una despedida, y saber eso me tranquiliza.

Dentro de poco van a ser dos horas desde que se me ocurrió que era mi
turno de responderle.

Pero no por mensaje de texto. Y no con palabras. Después
de almorzar con Sabrina en la sala, me fui caminando a una
papelería que queda a un par de cuadras con la excusa de que
necesitaba materiales para una entrega de Diseño. Compré un
CD en blanco y un marcador negro.

En más o menos una hora terminaré mi mensaje y estará listo para que
en tres horas pueda llevarlo a su casa personalmente.

Nota: Al volver de la papelería, paré en la mesa recibidora que está justo al lado de la entrada de la casa y agarré las llaves de la camioneta sin pedir permiso. Antonio es quien me lleva en ella, desde que hace dos años me escapé y la rayé intentando parquearla donde una amiga. Ya calculo el regaño que voy a recibir si se dan cuenta de que hoy no voy con Antonio a ningún lado. Y en este momento, eso es lo de menos.

No descansé mucho.
Más tarde tengo que hacer algo urgente, ¿me acompañas?
Si sí, puedo recogerte a las 8.
Si no, no pasa nada.
D.

No sabía cómo interpretar el tiempo tan prolongado que se tomó para contestarme. Casi cuatro horas. En otra ocasión hubiera inventado cualquier excusa para no ver a la persona (mejor amiga, mujer, D) a la que había casi besado la noche anterior. Pero ese día yo era diferente. Me ha tocado ser valiente en otros aspectos de mi vida, y en ese momento decidí que D era suficiente motivo para volver a serlo. Concluí que si lo mejor era ignorar lo que me estaba pasando con tal de tenerla en mi vida, eso haría. Podría soportarlo.

Al fin y al cabo he sido experta antes tragándome lo que siento.

Sí, seguro.
Aunque, ¿domingo a las 8 de la noche?
Mañana tienes que madrugar.
M.

Seguro se le olvidó imprimir algo.
Pensé.

No quería que se bajara sola a esa hora desierta en alguna tienda mientras Antonio la esperaba en el carro. Yo iría.

Sí, ya sé,
siempre dejo todo para último momento.
Yo te dejo de vuelta en tu casa temprano.
No te preocupes.
D.

¿"Yo"?
¿Y Antonio?

Pensé.

Te veo en tu portería.
D.

Estaba congelándome de frío sentada en el andén cuando las luces de la camioneta me encandelillaron. La ventanilla del puesto del conductor se bajó y efectivamente no había rastro de Antonio. D era quien iba conduciendo. Me miró sin decir ninguna palabra mientras me levantaba del piso. Me puse nerviosa. No había puesto un pie en el carro y ya fracasaba en mi intento de valentía.

—Hola —me dijo observándome.

Tenía una mano en el timón y el brazo recostado en el borde de la ventana, que ya estaba completamente abierta.

—Hola… —le respondí, como si me costara la vida pronunciar esas cuatro letras. Y entonces caminé por la parte frontal del auto para hacerme en el puesto del copiloto.

D no apartó por un segundo la mirada. Estaba ya frente a la puerta y aún podía sentir los ojos de D clavados en mí. Respiré hondo y jalé la manija. Iba a tomar impulso para subir, cuando me fijé en algo que brillaba sobre el asiento. Ella seguía en silencio con una mirada que parecía vigilante.

—Esto… ¿es tuyo? —le pregunté, alzando un CD.

Me senté y noté que tenía algo escrito. D no me había respondido. Cerré la puerta, me puse el cinturón y volví a levantar el CD dirigiéndolo hacia ella para preguntarle de nuevo. Tal vez no me había escuchado.

—Es tuyo —me respondió cortante.

Estaba confundida.

—No. Yo sí tengo CDs pero nunca he traído uno aquí. Además este dice algo y nu…

Volví a mirar el CD. Me quedé inmóvil cuando empecé a leer.

Estas hablan mejor que yo.

D.

Antes de que pudiera decir algo, D se adelantó.

—Son canciones que creo que pueden gustarte —me dijo reponiéndose.

—…Gracias —le dije, sonriendo.

Me sonrió de vuelta, pero no se veía feliz.

Empezó a andar lentamente. Destapé la caja que protegía el CD y D dirigió la mirada rápidamente hacia mis manos para ver lo que estaba haciendo.

—Puedo… — le pregunté suavemente.

Tragó saliva.

—Sí. Ponlo.

Me mataba la curiosidad. Según el orden que tengo en mi cabeza, empezó a sonar: *Forever* de Billy Raffoul, *Found Love* de We The Lion, *If Only* de Ships Have Sailed y *Electric Love* de Børns. Intenté no ponerle atención a lo que decía pero era inútil. Tenía muchas preguntas. Quería saber cómo se sentía ella y prácticamente lo que estaba escrito con su puño y letra en el CD me prometía que ahí estaban las respuestas.

Parqueó el carro en una papelería que abría las 24 horas. La acompañé sin saber exactamente qué era lo que necesitaba. Me paré en el mostrador de los colores, pensé en llevarle unos nuevos a Alana para el colegio. No había terminado de leer lo que decía la primera caja cuando D apareció en el pasillo.

—Lista —me dijo, como si estuviera ocultando algo.

Me volteé y miré sus manos.

Tenía una caja de lápices que estaba moviendo con aparente afán. ¿Esa era la vuelta tan urgente que tenía que hacer? Entrecerré los ojos para enfocar mejor. Tendría sentido si eran lápices de grafito de los que sé que le exigían para dibujar figurines en el instituto. Pero no. Incluso yo, que solo dibujo en servilletas, sé que los que eligió eran de la peor calidad de todo el establecimiento. Volví a mirarla a los ojos.

—Ok —le dije de manera desafiante y agarré con la mano izquierda cualquier caja de colores al azar, sin quitarle la mirada a D.

Fue mi forma de demostrarle que sabía que ella había hecho exactamente lo mismo con los lápices que supuestamente necesitaba. D se rascó la cabeza y se fue hacia la caja. La seguí. Pagamos en silencio, ella sus lápices y yo mis colores, ambas sabiendo que habíamos elegido las dos peores opciones existentes, y nos montamos de nuevo a la camioneta. D se puso el cinturón de seguridad pero no arrancaba. Después de unos segundos hizo un sonido de fatiga.

—Qué estupidez —dijo vencida mirando hacia su ventana.

Volteé mi cabeza hacia la posición opuesta y apreté fuertemente los ojos con temor de que fuera a iniciar *el tema*.

—¿De qué hablas? —le dije.

—Es obvio que no necesitaba lápices y… —Se detuvo para hacer un gesto brusco con sus manos— … mucho menos los que agarré —completó, haciendo evidente su molestia.

No dije nada.

Puso sus manos en el timón. No me estaba mirando.

—Quería… No sé qué quería… —agregó de mala gana.

No dije nada.

Soltó todo el aire que estaba conteniendo. La observé con cautela. Se incorporó y dijo:

—Hay un lugar desde el que se puede ver toda la ciudad. Pensé que ir me despejaría un poco la mente. —Tragué saliva mientras ella continuaba—. Es la segunda vez que miento en un mismo fin de semana, pero no sabía cómo decirlo sin que…

—Vamos —le dije, casi rogando.

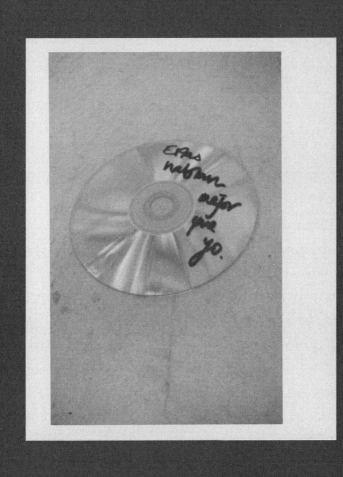

D

¿O tampoco?

Arruiné por completo mi plan de no demostrar nada hasta no saber primero lo que sentía ella. ¿Lo que escribí en el CD qué? Me di cuenta de que con eso le estaba diciendo **todo** justo en el momento en que ella empezó a leerlo. Tuve toda la tarde para pensarlo y me di cuenta de que mi mente me había jugado una muy mala pasada en el instante en que ya no había vuelta atrás. Quería que un hoyo negro me succionara.

Me faltó escribirle: "Bésame mientras escuchas esto".

Podía sentir la sangre subiendo a mi cabeza de la ira que sentía conmigo misma. Intencionalmente me desvié del camino inicial de repente. En ese punto yo estaba muerta del susto de que llevar a M a un lugar como el que tenía pensado, después de entregarle semejante CD, hiciera que ella se devolviera del mismísimo mirador corriendo aterrada. Sin mí. La idea era disimular, no llevarla a una cita romántica con música que parecía sacada de película. Así que me detuve en la primera papelería que encontré. M no hacía preguntas y simplemente se bajó. Agarré frustrada cualquier cosa del primer pasillo y cuando fui a decirle a M que ya estaba lista, me miró detenidamente y sin quitarme la vista agarró cualquier cosa que tenía al alcance. Entendí. Se había dado cuenta de todo. M no era tonta, y cuando estábamos en la caja pude ver en su rostro lo que quedaba de una sonrisa condescendiente. Apenas nos volvimos a subir a la camioneta renuncié a mi estrategia. Mi mal humor ya era evidente. Decía algo y M, nada. Decía otra cosa más y M, nada. Hasta que le dije a dónde quería escaparme inicialmente, y cuando estaba cerca de mencionar lo que había pasado la noche anterior…

—Vamos —me dijo, como si también lo necesitara.

Conduje por un buen rato mientras el CD (que se supone que M escucharía por su cuenta, y que debí entregarle cuando nos despidiéramos para evitar el riesgo) sonaba. Las manos me sudaban. Había diez vocalistas distintos diciéndole lo que yo, confirmado por mi letra, no podía decirle. Cuando llegamos al mirador estacionamos de tal forma que, sin necesidad de bajarnos del carro, podíamos apreciar toda la vista de la ciudad. Apagué las luces y dejé que las que alumbraban la ciudad fueran el único recurso de iluminación. Las canciones que estratégicamente había elegido seguían sonando: *You* de Matilda y *My My My!* de Troye Sivan.

—Tenías razón —dijo M realmente fascinada por la vista.

Todavía no puedo creer lo que le dije. Juro que ya no aguantaba. Tenía rabia. Y ya no conmigo, con ella. Me había puesto el mundo de cabeza hace unas horas y ni se inmutaba. Se veía tan tranquila. Todo lo que hacía era medido, todo lo que decía era sereno. Me estaba ardiendo todo. Sea lo que sea, fue ella quien intentó besarme, y ¿por qué yo era la que tenía que pagar las consecuencias?

—No, no tenía razón. Un lugar no me va a ayudar a despejarme. Estoy descolocada desde anoche y al parecer soy la única

D

—le dije volteando a mirarla irritada. Mis palabras la encontraron desprevenida—. No puedes acercarte así y luego excusarte con que simplemente no quieres ni vas a explicarte. Sí vas a explicarte. Porque un beso incluye a dos.

Pude ver cómo mis palabras le iban quebrajando su supuesta serenidad.

—D... —dijo casi sin voz.

—Desde anoche yo no estoy funcionando. Dime algo. Me bajé a comprar cualquier cosa del miedo que sentí de que traerte acá fuera demasiado evidente. Por favor... Tú intentaste besarme. —Le reclamé.

—¡D! —exclamó—: Te besé porque quise —confesó dejándome fría—. Estoy "descolocada" también, ¿bueno? Y sí, tienes toda la razón, la única que fue absolutamente evidente. fui yo. Me hablaste con un tono nuevo, estabas absolutamente hermosa y no podía dejar de mirar el maldito labial que traías puesto. Si tú crees que no vas a funcionar hasta que te diga algo, créeme, yo no quiero, yo necesito que tú me digas algo. Porque quieras o no oírlo, no me arrepiento de lo que hice... o... de lo que intenté hacer —dijo, sin detenerse a respirar ni una sola vez.

Memoricé cada una de las palabras que usó y que me dejaron boquiabierta. Una adrenalina nueva estaba subiendo por mi espalda. Subía lento pero fue lo suficientemente fuerte como para querer morderme el labio de la rabia.

—Entonces sí se podía explicar, ¿no? —le dije, como si estuviera a punto de estallar.

D

—¿Cuál es tu mal genio? —me dijo con un tono de voz que me estaba volviendo loca. Se acomodó bruscamente de tal forma que su espalda quedó recostada en la puerta de su lado.

—¿Perdón? —me sobresalté.

—Sí… ¿Qué es lo que te da tanta rabia? —respondió desafiante.

—¿Que no terminé lo que inicié? —terminó mirándome los labios sin rastro de nerviosismo.

Estaba furiosa.

M devolvió la mirada a mis ojos y no la quitó más.

M un punto, D cero.

—Dime tú. ¿Puedes o no? —le dije, apartándome de la silla para desabrochar el cinturón.

Estaba segura de que M no era capaz, pero quería ser yo quien ganara el argumento. Nuestras miradas seguían intactas. Ninguna daba el brazo a torcer.

Escuché un clic muy fuerte. No entendía de dónde provenía el sonido hasta que vi que M tenía la mano en el botón del cinturón, y este estaba ahora desabrochado.

Me humedecí los labios involuntariamente.

—De poder, puedo. ¿Eso es lo que quieres? —respondió, humedeciendo los de ella.

D

Pasar saliva se volvió extremadamente difícil. Sentí mi respiración acelerarse. Me acerqué lentamente. M podía intentar disimular todo que quisiera pero la circunstancia no le favorecía: su respiración iba al mismo ritmo que la mía. Cuando estaba relativamente cerca de su rostro, giré mi rostro hacia la izquierda. Dirigiéndome hacia su oído, no a su boca.

—¿Me vas a besar hoy, o tampoco? —le susurré.

El primero

Mañana tengo que madrugar y necesito quitarme los efectos secundarios que quedaron después de ver a D. Hace treinta minutos exactos me dejó en la portería de mi edificio y aún tengo aceleración cardiaca severa. No creo que sea bueno para mi salud lo que estoy a punto de hacer, pero no me importa: repasaré cada segundo de lo que ocurrió después de que se me acercó al oído.

¿Me vas a besar hoy, o tampoco?

¿Hoy, o tampoco? Me hervía la sangre. Se detuvo el tiempo.
Ella sabía que si esa noche lo que comenzó siendo mi iniciativa no terminó en beso, fue porque nos habían interrumpido.
¿Cómo se atrevía a decirme eso? La tenía completamente inclinada hacia mí y estaba terminando de hacer la pregunta cuando ya quería callarla. Con mi boca. Lo que teníamos era atracción física disfrazada de ira. Puse mi mano en su mentón. Y con una suave presión le volteé la cara a mi conveniencia. Escuché cómo ese pequeño movimiento le quitó el aire. Cuando la dejé donde quería, a centímetros de mí, su mirada se detuvo en mi boca. Quité la mano.

—Hazlo —me dijo, mirándome mal.

Puso su mano sobre mi pierna para poder sostenerse y se mordió el labio inferior con suavidad. Pensé que se me iba a parar el corazón. Tenía al frente a D pidiéndome, verbalmente, que la besara. No podía ser real. Estiré el momento lo que más pude. Se empezaba a desesperar y podía sentir que en cualquier momento la que se iba a lanzar a mi boca era ella. Sin embargo, me tomé mi tiempo. Subí la mano por todo su brazo hasta llegar hacia su nuca. Le levanté la cabeza, y ahí sí me moví lentamente hasta posar mis labios en su cuello. Su mano me apretó la pierna con fuerza involuntariamente. Le di pequeños besos debajo del oído, luego D me empujó hacia la puerta. Me miró con la respiración un poco acelerada. La miré un segundo a los ojos y finalmente me dirigí con deseo hacia su boca. Cerró los ojos y de repente mis labios estaban sobre los suyos. Y, al contrario de lo que evocaba la situación, la besé con toda la delicadeza existente, como si sus labios fueran frágiles y no quisiera hacerles daño. Se dejó besar. Deslizó sus dedos entre mi pelo y me besó como nunca antes me habían besado. Literal. Ella respondió con un poco más de intensidad. Mi mente quedó en blanco. No podía detenerme y D no me lo permitía tampoco. Lo que inició siendo un beso delicado se intensificaba cada vez más. D se separó y con su otra mano me haló hacia ella, separándome de la puerta.

¿Por qué se detenía?

Me tenía agarrado el saco cuando empezó a alejarse en reversa muy lentamente. Me dejé inclinar hacia su dirección hasta que fue ella la que quedó recostada contra la puerta del puesto del conductor. Me miraba fijamente. Y con los ojos aún cerrados me haló fuertemente y nos volvimos a besar, esta vez con desespero. No quería dejar de besarla nunca.

Con mis manos apreté su cintura cuando, de repente, sonó su celular.

D

Abrí la llave de la ducha. Iba ya tarde para mi clase de Patro-
naje. Mientras se calentaba el agua me llevé una mano a la boca
recordando la noche anterior. Yo no me lo podía creer. Nos
habíamos besado. Pensé en que algo que siempre he amado del
presente es que te permite mirar el pasado con sabiduría. Es
como cuando te repites una película y analizas cada movimiento sabiendo en qué momento desencadenará, intentando encontrar todos los detalles pequeños (pero significativos) que
pudiste omitir cuando la viste por primera vez, buscando pistas
ocultas o simplemente riéndote de esa chica que juró nunca fi-
jarse en justo quien la termina enamorando sin remedio. Sonreí
al acordarme de que el beso fue resultado de nuestra primera
discusión. Pero nuestra discusión fue una especial, fue una sin
el más mínimo rastro de algún sentimiento negativo y sin el más
mínimo sentido, porque ambas queríamos lo mismo. Estábamos
de mal humor, pero porque ambas necesitábamos completar lo
que había quedado iniciado. El miedo de perdernos, o de que
lo que pasó en la fiesta nos alejara, nos activó las defensas, y
ninguna planeaba permitirlo. La solución: acercarnos más que
nunca.

Mierda. ¿Cuánto tiempo lleva la ducha corriendo?

Pensé.

Ese lunes hice todo lo que haría normalmente, hasta que recibí una llamada a las 5:15 p. m.

—Sí, ¿quién es?

—Soy yo —me dijo susurrando.

—¿M?... ¿Y... este número?

—Del café. Sigo en turno y no puedo usar mi teléfono.

—¿Estás bien? ¿Te pasó algo?

—Sí, estoy bien. Estaba pensando en que como ya sabemos que es mejor decirnos las cosas... —dijo con un tono casi cómico—: ...Quisiera decirte algo.

Respiré.

—Dime.

—No, no por acá. ¿Puedes venir a Mocca?

—¿Ya?

—Cuando quieras. Me quedan unas horas más.

—Ahorita nos vemos.

Colgué.

"No dejes para mañana lo que puedes hacer hoy", me dice siempre mi mamá haciendo énfasis repetitivamente con su dedo índice sobre la palma de su mano. Esa vez hubiera sido: "No dejes para más tarde lo que puedes hacer ya", pero igual, le hice caso.

Llegué al café. M no estaba a la vista así que me senté en una mesa alejada de la esquina. Estaba jugando con los sobres del

D

azúcar mientras miraba el lomo de los libros que adornaban la pared del lado.

—D —dijo M cuando ya estaba al lado de mi mesa.

Últimamente en cada ocasión que nos veíamos me dejaba con la sensación de que se iba poniendo cada vez más guapa.

—Hola —le dije sonriendo y puse los sobres de azúcar en su puesto. Hice todo mi esfuerzo por no pasar mi vista ni cerca de su boca.

—Ven —me dijo con las manos ocultas en los bolsillos de su delantal color vino tinto mientras se dirigía hacia una parte de la librería a la cual yo nunca había entrado.

Nunca me había fijado en lo bien que le quedaba ese delantal.

Me puse de pie, levanté mi chaqueta de la silla y la seguí. Nos paramos detrás de la pared negra gigante que M amaba (donde las personas escribían con marcador blanco los títulos de sus libros favoritos) y cruzamos una pequeña zona con sofás donde había estado ya algunas veces. Pero M cruzó hacia la derecha y de repente me sentí entrando a un laberinto de libros.

Nunca me había fijado en lo grande que era realmente la librería.

Había libros por todas partes, de piso a techo. La luz era cálida y tenue. Caminamos entre varios estantes hasta que ella se detuvo en un pasillo en el que quedamos completamente a solas. Me puse nerviosa. Se dio media vuelta.

—¿Habías besado a alguien como me besaste anoche?

—¿Qué? —le dije con un poco de risa.

—Sí o no —agregó seria rápidamente.

—No entiendo la pregunta.

—Un beso… así —exclamó, como si estuviera recordándolo.

—No.

—¿No? —preguntó realmente extrañada.

—No —le repetí seria.

—¿Y eso qué quiere decir? —me dijo después de unos segundos.

—Tú me besaste a mí —le dije y me miró confundida—. La pregunta que me hiciste… te la devuelvo. ¿Habías besado a alguien como me besaste anoche?

Se quedó callada y tragó saliva.

—Nunca… —me dijo de una forma que me volvió loca.

—¿Y eso qué quiere decir?

—Que estoy pensando en ti de otra manera —me dijo convincente.

Me iba a derretir.

—¿De qué manera?

—En una peligrosa, D, y yo no quiero perderte —declaró preocupada.

—Pues tenemos los mismos síntomas, entonces…

—Yo sé —me interrumpió más segura que nunca—. Lo puedo ver en la forma en la que me miras.

D

Me derretí.

—Tú me miras exactamente igual —le dije pausadamente.

—No estás entendiendo. Ese es el problema.

Supe lo que me iba a decir y no quería oírlo.

—Que no puede ser... Eso es lo que querías decirme —le dije.

—Me da miedo que nos hagamos daño, D.

—Porque si vuelve a pasar —tragó saliva—, y alguna empieza a enamorarse...

—Entendido —le dije antes de que siguiera hablando.

Me miró como si estuviera haciendo lo contrario a lo que realmente deseaba.

—Me muero porque vuelva a pasar... —me dijo.

Tragué saliva.

—... Pero si no hacerlo me asegura que no hay riesgo de perderte... Me trago las ganas —agregó.

La miré fijamente.

—Lo que va a pasar es una de dos: o tienes razón, te tragas las ganas y volvemos a como éramos hace una semana. O en menos de una semana, estás muriendo de ganas y lo único que queda por tragarse es lo que dices.

—Esto no se controla, M... —le dije con ternura, así acabara de decir lo más imprudente de mi vida.

—D, nunca he estado con una mujer... —me dijo.

—Conmigo vas a querer estar —le respondí con una sonrisa.

Ese talento no lo tengo

Me quedé mirando a D en silencio después de lo último que me dijo.

¿Cómo podría saber eso?

Sí, nos dimos un beso. Un gran beso, debo admitir.

Mi primer beso…

Pero era solo eso, un beso.

Uno.

Si permitimos que ese número crezca no va a haber vuelta atrás. O bueno, no para mí. Yo sentí que podía aficionarme a D cuando la besé. Honestamente, si su celular no sonaba, no creo que hubiera podido detenerme. Y si eso volviera a ocurrir, ya sería demasiado tarde: la tendría demasiado impregnada en mi sistema.

¿O eso ya pasó?

¿Y lo que tanto temo que me pase es precisamente lo que me está pasando ahora? Porque llevo un buen rato pensando que cuando D estaba ahí recostada en el estante, el tiempo pareció paralizarse. La veía a ella y cómo empezó a jugar con su pelo, casi que en cámara lenta.

O no.

De pronto simplemente sé apreciar y admirar extremadamente bien su belleza. Porque a ver, no estoy ciega. D es una mujer
espectacular, a la cual besé, y quien con todo lo que dice parece
desarmarme. Pero esa mujer es mi amiga y la necesito en mi
vida. ¿Que es guapísima? Sí ¿Atractiva? También ¿Sexy? Demasiado. Pero ella es ella, y yo soy yo. ¿Qué pasa si nos volvemos a besar una, dos, tres, cuatro veces, como jugando, y un día
conoce a alguien, esto se acaba para ella y quiere que volvamos
a ser D y M, pero las de siempre, las amigas?

Tengo talento para ilusionarme.

Pero nunca aprendí a revertir sentimientos.

El gris me gusta más

Superé mi propio récord de imprudencia máxima.
  Descubrí que:

no

me

sé

callar.

  La verdad, viendo desde el exterior, M tiene un muy buen punto. No quiere que, si seguimos este impulso, alguna de las dos empiece a sentir algo más fuerte por la otra y que sea la amistad que hemos construido la que vea las consecuencias. Pero yo no estoy diseñada de la misma forma. Yo pienso distinto. Yo creo en que las cosas pasan por algo, incluidos los sentimientos. Si nos conocimos como nos conocimos, no fue por casualidad. Y si ahora estamos como estamos, es por algo. Yo sigo mi instinto. Yo nos conozco y sé que nunca nos haríamos daño.

  "Conmigo vas a querer estar", le dije para finalizar.

D

Pude sonar convencida, pero en realidad lo dije como pidiéndoselo. Yo creo que no todo tiene que ser blanco o negro. Sí, somos mejores amigas (y vamos a seguir siéndolo), pero presiento que también vamos a ser algo más.

Terminó de decir esa atrevida frase, se recostó en el estante y empezó a jugar con su pelo. Cuando D quería algo, sabía qué arma usar. Me quedé helada viéndola coquetearme.

—¿Disculpa? —dijo una voz femenina.

—¿Si? —Me volteé quitándole la vista a D muy despacio.

—No encuentro *El túnel* por ningún lado, ¿me podrías ayudar? —dijo una chica que nunca había visto antes.

Se me olvidó por un momento que estábamos en el café y que yo seguía trabajando. Caí en cuenta y le respondí.

—Claro que sí, de *Ernesto Sabato*. Dame un minuto y ya te lo llevo.

—Gracias —respondió la chica de pelo negro, sonriendo y alejándose un poco.

Miré a D porque no quería dejarla ahí cuando fui yo quien la hizo ir en primer lugar.

—Ve, tranquila —me dijo sonriendo—. Igual nos vemos más tarde cuando sueñes que vamos las dos en un carro…

—Shhh —le dije con risa nerviosa y me acerqué hasta cubrirle la boca.

Le dio risa y no pude evitar reírme también. Le quité las manos suavemente.

—Es molestando —dijo levantando ambas manos como diciendo "yo no fui"—. Hablamos mañana, M.

Asentí y se fue.

Al día siguiente, mi papá me recordó muy temprano algo que había olvidado por completo, cuando estábamos desayunando todos en la mesa.

—Tengo que ir más tarde a comprar las cosas para la comida. ¿D te dijo a qué hora viene?

Casi escupo el jugo de naranja.

—¿Es hoy? ¿Por fin la vamos a conocer? —Alana le preguntó a mi papá con una sonrisa.

La había invitado hace una semana cuando papá me dio la idea. Quería presentarles a mi mejor amiga, cuando estaba completamente segura de que era lo único que éramos. D sí se había acordado. A mediodía me mandó un mensaje preguntando si la comida en mi casa era ese día o si estaba equivocada.

Eran tres contra una, así que le dije que sí.

Por la noche llegó y se presentó y no con su nombre completo.

—Soy… D —les dijo sonriendo mientras abrazaba a cada uno—. ¡No veía la hora de conocerlos!

—¡Mucho gusto! —le respondió Alana con la misma emoción.

—¡Esta es tu casa de ahora en adelante! —le respondió papá—. ¿Me dijeron que te gusta la comida italiana?

—Uff… —dijo D frunciendo el ceño—. ¡Es mi favorita!

Yo estaba sonriendo como una idiota. Me sentía feliz de verlos en el mismo sitio. Mi papá había preparado pasta con albóndigas. Nos sentamos en la mesa y no hubo un solo minuto de silencio. D y Alana parecían dos niñas chiquitas cuando empezamos a hablar de películas. Ambas nos contaban emocionadas, a mi papá y a mí, los detalles de una buenísima que estaba en cartelera. Alana empezó a actuar la escena que más le había dado risa y D la complementó imitando a otro personaje. Sonreía al verlas, me mataban de ternura. Mi papá se reía como hace mucho no lo veía. La pasta estaba maravillosa. Cuando terminamos de comer, D se levantó rapidísimo y llevó los platos a la cocina para lavarlos. Los tres salimos corriendo detrás de ella para impedirlo. Esa noche, el apartamento se iluminó con D ahí dentro. Me sentía feliz. Cuando Alana ya tenía sueño me dio las buenas noches, le di un besito en la frente y abrazó a D muy fuerte antes de irse a su cuarto a dormir. Mi papá la acompañó para ayudarle a alistar el uniforme. Llevé a D a mi cuarto para mostrarle un poco más de mi mundo. Se quedó literalmente con la boca abierta. Le encantaba que tuviera las paredes llenas de imágenes de inspiración, poemas impresos, frases, afiches y fotos. Se lanzó de espaldas sobre la cama. Cerré la puerta y apagué la luz.

—¿M…? —dijo muy suave pero lo suficientemente alto para escucharla.

Me reí silenciosamente, al saber lo que se estaba imaginando, mientras caminaba en la oscuridad hacia mi mesa de noche. Finalmente encontré el cable que buscaba y conecté a la corriente las luces de estrellas que colgaban del techo. Pude ver su cara de sorpresa al ver mi cuarto iluminarse. Hablamos un buen rato sentadas en la cama y le conté lo que significaban algunas de las frases y de las imágenes que tenía en la pared.

—Oye… —me dijo D mirándome seria—. Ya sé que lo que dije ayer fue un poco extremista. Perdón por eso.

—¿La parte de que me voy a tragar mis palabras o cuál? —le dije riendo.

—Sí —dijo, con una sonrisa tímida mientras pellizcaba el edredón al azar.

Se quedó pensativa.

—Yo sé muy bien lo que quiero —dijo, sin quitar la vista del edredón—, pero no puedo hacer que quieras lo mismo… Y eso está bien.

Me imaginé que mi lado rebelde, impulsivo, que no piensa antes de actuar, me estaba visitando y que cuando me diera cuenta ya sería demasiado tarde.

—¿Y si sí es lo mismo? —le decía yo sin mirarla.

—¿Qué cosa? —Volteaba a verme.

—Lo que yo quiero —completaba yo finalmente sin mirarla.

D no lo pensaría ni dos segundos. Me agarraría el rostro con ambas manos, lo voltearía hasta quedar mirándonos y me besaría. La adrenalina me subiría desde los pies hasta la cabeza. Con los ojos cerrados, ya fascinada, la agarraría de la misma forma y le devolvería el beso. Nos besaríamos como si lo necesitáramos para respirar.

Me acuerdo de que D me estaba hablando y vuelvo a la realidad.

El pegamento sí funciona

Pasan los días y me sorprendo de cómo el universo va ajustando las cosas que antes no estaban bien. Una por una.

Lo que pienso que merezco:

Se ha desarmado por completo esa creencia incorrecta que "alguien" me había instalado de que el amor todo lo tiene que aceptar (incluido el irrespeto, la agresión, el maltrato verbal, la humillación). Ya no me cabe en la cabeza esa opción. Bajo ninguna circunstancia volveré a sujetarme a una estructura de violencia, de ningún nivel. Sé que es gracias a mí, pero también M ha sido de gran ayuda cuando se trata de reforzar los pensamientos que ahora me rigen.

- Me gusta cómo me veo, cómo me siento.
- No modificaré mi forma de ser, de comer, ni de vestir en función de nadie.
- Soy libre de tomar mis decisiones.
- No dejaré que me impongan, me descalifiquen o me invaliden.
- No tengo que complacer a nadie en todo.
- Soy mía y de nadie más.

D

Cuando pasó todo lo de Samuel, mis papás me confesaron que tenían mucho miedo de que mi última experiencia me llevara a no volver a creer en el amor. Y aunque ellos mismos vivieron un periodo muy complicado, intentaban convencerme de que alguien llegaría para cuidarme algún día como yo me merecía. Al inicio yo también tuve miedo de no volver a ver el amor como antes, porque la única persona que había amado me había roto el corazón. Pero ha pasado mucho tiempo y lo que ocurrió en mí fue todo lo contrario, ahora sí que quiero amar. Ya que sé todo lo que el amor NO es, no veo la hora de experimentar lo que realmente significa. Estoy más enamorada del amor que nunca. Ahora sé identificarlo. Ahora, más que nunca, quiero que me amen, que me consientan el alma, que me respeten, que me escuchen, que me admiren, que me acepten, que me cuiden, que busquen mi bienestar, que me ayuden a crecer. Últimamente pienso mucho en eso. En lo que merezco: un amor sano.

Mi regalo de Navidad

Papá llega a casa un día con un ramo de flores tan pero tan grande, que no se le ve la cabeza cuando entra por la puerta tambaleando. *(Comedia)*. Mamá lo ve, no lo puede creer, y corre a sus brazos. *(Romance)*. Los dos permanecen un buen rato abrazados, y a mamá se le caen unas lágrimas de alegría por la mejilla. *(Fin)*.

Soñé con una escena así un millón de veces desde que empezaron a distanciarse, pero en el último año me había rendido

D

ante la idea de que la única forma en la que podría pasar algo así era así, si lo soñaba. Pero ese microrelato no fue un sueño esta vez. El lunes sonó el timbre por la tarde y Sabrina abrió la puerta: era papá. Lo supe porque oí su voz. Pero al entrar, lo único que se veía era un ramo gigante de rosas con pies. Mi papá no podía ni mirar al piso de la cantidad exagerada de flores individuales que venían dentro y casi se cae. Mi mamá corrió, literalmente, hacia él. No se besaron, no se hablaron. Se quedaron abrazados. Mamá empezó a llorar, pero esta vez no de tristeza. Estaba llorando de felicidad. Sabrina y yo nos quedamos atónitas por lo que estábamos presenciando. Me restregué los ojos pensando que no podía ser real. En la noche cenando nos contaron que habían iniciado terapia de pareja hace un mes exacto, incluso antes de mi cumpleaños, y que no querían contarnos hasta realmente intentar solucionar sus diferencias. Aparentemente habían aclarado un montón de cosas que nunca se habían dicho, ya no había secretos, ya no había resentimientos. Se volvieron a mirar como antes. Y la verdad es que no podría haber deseado un mejor regalo de Navidad que este.

Debo confesar que desde el lunes estoy pensando en el abrazo que les di la mañana de mi cumpleaños; el pegamento invisible, después de todo, sí había funcionado. (Tal vez).

D

Escribí eso unos días antes de Navidad. Ya era época de vaca-
ciones. No había llegado el 24 y ya era el mejor diciembre de
mi vida. Sonreía por todo. Nada me hacía falta. Tenía una sensación de plenitud que me embarcaba por completo. El universo estaba confabulando a favor de las personas que más amaba
y por ende, confabulando también a favor mío.

*Todos los años, una semana antes de Navidad, solíamos hacer una noche
de juegos en casa. Al finalizar, escribíamos en papel uno por uno lo que
sentíamos que haría más perfecta la Navidad, y al final los leíamos en voz
alta. Era una forma de mejorar conductas, incomodidades y malentendidos
para saber lo que estaba en manos de cada uno para mantener saludable el
ambiente familiar. Fue una idea que tuvo Sabrina hace muchísimo tiempo,
y desde ahí adoptamos esa tradición que nos unía y nos alineaba en esa
época del año.*

Ese año pasó algo diferente. Cuando llegó la hora de leerlos:
ni mi papá, ni mi mamá, ni Sabrina, ni yo habíamos escrito
ninguna petición en nuestros papeles. Quedamos sorprendidos
cuando, uno por uno, leímos lo que habíamos escrito.

El orden de lectura fue este:
Sabrina
Mamá
Papá
Yo

Las lecturas iniciaron así:
Gracias por…
Quiero darles las gracias…
Hoy no pido, hoy agradezco…
Me siento agradecida…

No quería ninguna otra cosa de Navidad. Sin embargo, la recibí.

10:00 p. m. del 24 de diciembre

Estábamos en la cena navideña que habían organizado mis papás en casa. Asistió, tanto la familia completa de parte de papá, como la de mamá. Había muchísimos invitados, y entre ellos un montón de tíos y primos que no sabía ni que tenía. El ambiente era alegre y la comida impresionante. La cena principal fue paella, pero en la mesa había buñuelos (mis favoritos) y más de cinco variedades de postres. Cuando terminamos de comer mi papá y mamá me llamaron a un lado de la sala, Sabrina no dejaba de sonreír y yo no entendía lo que estaba pasando.

—Chiqui, aunque dijiste que no querías nada… —dijo mi mamá mirándome con complicidad y con una risa nerviosa.

—¿Ma?… —respondí confundida.

—Te mereces mucho lo que vas a recibir, sis —me dijo mi hermana—: Pero quiero que sepas que fue mi idea.

—No entiendo…

D

—Estamos muy orgullosos de la mujer en la que te has convertido —dijo mi papá entregándome una cajita pequeña negra sellada con un lazo rojo.

— Ábrela— dijo mi mamá realmente emocionada.

La abrí y quedé paralizada al ver unas llaves en su interior.

—Es tu nuevo apartamento —dijo Sabrina, feliz, con los ojos aguados.

No podía creerlo. Quedé completamente muda. Los únicos que hablaron fueron ellos, que no paraban de dar explicaciones acerca de su maravilloso regalo. Me dijeron que era el inicio de una etapa increíble de mi vida, que no lo malinterpretara porque mi casa seguiría siendo mi casa, pero que ahora iba a tener un espacio completamente propio que podía organizar y usar para lo que yo quisiera. Me imaginé convirtiendo una habitación en un estudio en el que pudiera hacer mis diseños, e incluso, tener más adelante un perro como siempre había soñado. Lloré de felicidad. Los abracé y duré horas enteras agradeciéndoles en cada momento que veía la oportunidad. Apenas pude calmarme, le escribí a M diciéndole que saludara a su familia de mi parte y ella me respondió que, por favor, hiciera lo mismo con la mía. Desde la última vez que nos habíamos visto hablábamos con la misma comodidad de siempre, pero (por lo que era una época familiar) no nos habíamos vuelto a ver.

Yo ya quería verla de nuevo.

Cuando fueron las doce en punto, papá, mamá, Sabrina y yo hicimos un brindis con una champaña espumosa que estaba deliciosa. Pusieron música en la casa y los invitados empezaron a felicitarse y abrazarse entre ellos. Minutos después me llamó M al celular.

—Feliz navidad, D —me dijo al otro lado del teléfono desde donde también se escuchaba música al fondo.

—Lo mismo para ti, M— le dije con voz baja mientras me alejaba de las personas que tenía mi alrededor—: Me haces falta.

—Si quieres, la semana que viene…

—Sí —le dije.

Se echó a reír.

—Ni sabes qué iba a decirte —me dijo aun riendo.

—Ibas a decirme que nos viéramos y mi respuesta es sí. Además tengo algo que contarte —le dije.

Al día siguiente nos estábamos bajando de la camioneta mis papás, Sabrina y yo en el parqueadero del que, desde ese momento y en adelante, sería mi apartamento. Al subir me costaba abrir la puerta de lo mucho que me temblaban las manos. Cuando finalmente pude meter las llaves y abrirla, fue inevitable no llevarme ambas manos a la boca. Era mucho más de lo que hubiera podido imaginar. Lo recorrí todo con lágrimas de asombro y abracé a mis papás tantas veces que perdí la cuenta. Siempre soñé con tener un apartamento para mí. Tenía los muebles básicos y aún sin nada de decoración, era espectacular. Tenía tres cuartos, un balcón grande, sala, comedor, cocina abierta y la iluminación era increíble. Me intimidó un poco que fuera tan grande pero al pensar en M ahí acompañándome, de vez en cuando, me sentí segura.

El último espacio al que entré fue al baño de mi cuarto (la habitación principal) y me asusté inicialmente al ver el espejo lleno de notas escritas.

—¿Máaa? —pregunté sin siquiera entrar.

—¿Qué pasó? —vinieron mis papás corriendo.

Les señalé el baño, confundida.

—¿Los leíste? —preguntó mi papá.

Negué con la cabeza.

—M te dejó un mensaje —dijo mi mamá sonriendo.

Ahora sí estaba petrificada. ¿M? ¿Ella sabía? ¿Mi mamá le había hablado? ¿M había estado aquí? ¿Qué decían las notas?

—¿Y cómo entró acá?

—Vinimos juntas —completó.

—¿Qué?¿Desde cuándo te hablas con ella? —le dije, y fue imposible no sonreír.

—Le hablé hace poco por Facebook para saber su opinión y su reacción fue extremadamente dulce…

Me reí.

—Y me preguntó si podía dejarte algo…le dije que sí —agregó.

—Te quiere mucho… Se nota —dijo papá de una forma que puso un poco nerviosa.

—Los amo. De verdad que no sé cómo agradecerles esto —dije aún con lágrimas en los ojos.

—Te amamos, chiqui. Disfrútalo.

—Si quieres quedarte un rato, Antonio puede pasar a recogerte cuando necesites —dijo mi papá.

—Me parece —respondí, con ganas de seguir explorando cada esquina, y por supuesto, de leer lo que decían las notas que estaban esperándome.

Cuando se fueron, entré al baño por fin.

LISTA DE PERSONAS QUE SE MERECEN ESTO:

TÚ, TÚ, TÚ, TÚ, TÚ, TÚ, TÚ, TÚ, TÚ, TÚ, TÚ, TÚ, TÚ, TÚ, TÚ, TÚ, TÚ, TÚ, TÚ, TÚ, TÚ, TÚ, TÚ, TÚ, TÚ, TÚ, TÚ, TÚ, TÚ.

tú.

Me puse a llorar.

Recuerdo la emoción que emanaba de la voz de D, la noche de Navidad a través del teléfono, mientras decía que tenía algo por contarme. Ella creía estar a punto de revelarme algo nuevo, pero era ella la que iba a encontrarse con una sorpresa. Su mamá, Paloma, me había contado hace un tiempo del apartamento nuevo para D. Me puse más feliz que nunca y le pregunté si podía dejarle algo. Un día antes de Navidad llegué a la dirección. Paloma me estaba esperando en la portería para subir. Ella, además de querer acompañarme para que dejara mi "mensaje", quería que yo viera el lugar y le dijera si creía que a D sí le iba a gustar. Yo sabía sin verlo, que fuera como fuera, D lo iba a amar. La sencillez de D y su capacidad de encontrarle el lado hermoso a cualquier cosa me permitían saberlo con certeza (y bueno, sabía que tenían muy buen gusto y que no sería algo difícil de apreciar).

Inicialmente tenía vergüenza de estar sola con su mamá, pues no habíamos compartido mucho hasta ese momento. Pero fue una grata sorpresa lo bien que nos llevamos y lo cómodo que fue. Al entrar por la puerta del apartamento, le dio risa al ver que quedé inmovilizada en estado de shock. El lugar era impresionante. Cuando Paloma me contó que le daría un apartamento a D me imaginé un aparta-estudio pequeño, no lo que perfectamente podría ser, un apartamento para una familia completa. Cuando salí de mi estado de conmoción me contó de todo el proceso que hicieron los tres para seleccionar justo ese. Era perfecto. Finalmente se ofreció a ayudarme a pegar los post-its en el espejo y mientras los colocábamos juntas, la miré pensando en lo afortunada que era D de tener a su mamá en su vida. Una mujer valiente, fuerte, luchadora, amorosa, cálida, y graciosa. Me recordaba mucho a la mía.

Cena para dos

Lo que pasó hoy es definitivamente una de las cosas más extrañas que me han pasado en la vida. Me desperté con una notificación en el celular. Era un mensaje de texto de Lucca, y eso de por sí, me pareció raro.

La vez pasada, cuando me escribió dos veces en un mismo día, le respondí un mensaje bastante largo explicándole que si las cosas no habían funcionado, no había sido por su culpa, sino por mis inseguridades que en el momento me apoderaban por completo, y me había dejado en visto.

Abrí el mensaje completo.

> *Quiero mostrarle un restaurante.*
> *Como no podemos ir nosotros,*
> *quiero que vaya a cenar con*
> *un acompañante.*
> *Yo invito.*
> *Lucca.*

No supe qué responder.

Recibí un segundo mensaje con los datos del restaurante en donde me esperaba una reserva a mi nombre. No sé si tomarlo como alguna especie de señal extraña del destino. Lo que sí sé es que siento que algo dentro de mí se rompe y al mismo tiempo se construye. Nunca, hasta este momento, había dado su brazo a torcer. Nunca había insinuado que tal vez mi camino sí es con otra persona. Pero me confirmó que me ama lo suficiente como para querer verme feliz, así no este escrito que sea a su lado. Lo más triste de todo es saber que si nunca estamos juntos, no va a ser por no haberlo amado con locura, ni porque él no me haya amado a mí con todas sus fuerzas. Habrá sido porque no es lo que debía ser.

Debí haberle dicho en mi último mensaje que yo también estuve profundamente enamorada de él, tanto que me dolía.

Aunque creo que él lo supo muy bien, me preocupa que lo haya olvidado. Quiero que recuerde que él no estuvo solo en esto, que yo también lo viví en carne y hueso, y que lo sepa toda su vida. De la misma forma que yo sabré toda mi vida que tuve el lujo de ser amada por el hombre más maravilloso de este mundo.

Así nuestro destino sea uno en donde la única forma de sentirnos el uno al otro, haya sido con palabras.

Puedo entender

Hace una hora y media exacta estaba comiendo con M en un restaurante. Aunque la comida haya transcurrido con completa naturalidad, no se puede ignorar que lo que no fue natural, fue la forma en cómo surgió.

No fue un plan que se le ocurrió a ninguna de las dos y no fue tampoco un arrebato porque sencillamente nos encontró el hambre. Lucca le regaló una cena a M con un acompañante y ella me invitó a mí. Acepté, pero no lo hice pensando en nada distinto a querer acompañarla en un día en donde, seguramente, tuvo sentimientos encontrados. Es mi mejor amiga por encima de cualquier cosa y su amistad es lo primero en mi lista. Protegerle su corazón también. Yo sé los lugares a donde los mensajes de Lucca la llevaban, sé que la gravedad no le permitió despegarse del suelo, y sé muy bien lo que su nombra significa para ella. Se percibe un asunto inconcluso en su mirada y lo único que buscaba era hacerla sonreír. Ahora me encuentro pensando en él y en lo admirable que es amar a alguien tanto, que solo quieras verle feliz, así esa felicidad signifique no estar con ella. Me conmueve pensar en el amor de esa forma. Y me empiezo a preparar por si eso sea algo que me toque hacer a mí también.

D

Soñar con un "nosotras" como él algún día soñó con un "ellos", es un juego de azar.

Puedo entender por qué M se enamoró de él.
Puedo entender (cada vez más) porqué él se enamoró de ella: *es M.*

Las líneas paralelas tienen la misma pendiente.
Siempre tienen la misma distancia entre ellas
y nunca estuvieron destinadas a encontrarse.

Hay un sentimiento en mí que es perfectamente familiar (pero al cual, a lo largo de mi vida ha sido humanamente imposible ponerle nombre) que me visita cuando leo esa entrada de diario. Porque ese fue el día en el que por primera y última vez dos líneas paralelas quebraron la regla,

(imposiblemente)
Las dos líneas paralelas de mi vida
Mis dos únicos amores
El hombre y la mujer de mi vida

por una milésima de segundo, y se intersectaron.
Dejando de ser líneas paralelas
para convertirse en perpendiculares.

Lo describí bien en mi diario: sí sentí algo romperse, y sí sentí algo construirse. Lucca y yo no fuimos perpendiculares ni tampoco paralelos. Fuimos como dos líneas asíntotas: pudimos estar muy, muy cerca, pero nunca juntos. Nosotros no fuimos ficción y tampoco estuvimos destinados a encontrarnos.

Fui a la cena. Fui con D.

Le expliqué a D lo que estaba pasando y sin decir nada, me acompañó.

El restaurante estaba completamente vacío reservado para dos: ella y yo. Comimos sándwiches de albóndigas, la especialidad de la casa. Hablamos del momento en el que le entregaron las llaves y de su primera visita al apartamento. Aunque no mencionó nada de los post-its pensé que los vería en una próxima oportunidad. Estábamos felices, y mientras D me hablaba emocionada de cómo quería decorar su habitación, no pude evitar pensar en cuánto la quería.

Al salir del restaurante, escribí el cuento más corto, pero más acorde, en mi teléfono:

Un hombre increíble invitó a cenar a una niña no tan increíble. Increíblemente, la invitación no lo incluía a él, sino a cualquier persona que la niña quisiera que la acompañara. La niña llevó a su mejor amiga, quien le empezaba a parecer cada vez más increíble. Ambas, cenaron en un lugar increíble totalmente reservado para ellas, tal y como lo planeó el hombre. El hombre demostró ser aún más increíble de lo que la niña había creído, y su mejor amiga... ni hablar.

La niña no tan increíble, increíblemente, salió del lugar sintiendo que algo increíble debía tener para que dos personas tan increíbles la pudieran querer.

Hoy quisiera hacerle saber a Lucca que ese día lo guardo en mi mente, en mi cajita de momentos recordables.

D

No lo sé

Hoy me levanté muy temprano en mi antigua casa. Me arreglé con afán, debido a las ansias que tenía de estar en mi nuevo espacio. A las nueve instalarían la nueva cama en mi cuarto, así que no podía faltar. Antonio me recogió y me trajo a mi apartamento y, de una vez, me ayudó a traer algunas de las cosas que quiero ir ubicando ya que ésta va a ser mi primera noche durmiendo aquí y quiero que sea lo más cálido y hogareño posible. M va a venir en cualquier momento para ayudarme a organizarlo un poco. Esta mañana cuando mi cama quedó instalada, salí y conseguí lo que necesitaba para sorprender a M con un mensaje de respuesta a sus post-its. (Desde que los vi, no he dejado de pensar en cómo sorprenderla de vuelta) Durante la cena no toqué el tema y creo que piensa que no los he visto. Duré un par de horas sentada en el suelo de la sala del nuevo apartamento recortando y pegando mientras almorzaba a las carreras una sopa de tomate que pedí a domicilio. Estaba, y sigo estando, muy contenta con el resultado, lo que decía era conciso y quería que estuviera en un lugar público. Cuando elegí un punto estratégico y una excusa para que M se viera obligada a encontrarse con el mensaje, salí caminando a ponerlo. Quedó mucho mejor de lo que esperaba, y hace una hora, después de dejarlo instalado, me devolví a mi casa. Hace poco le escribí a M para saber qué estaba haciendo. Cuando me avisó que ya iba a salir para acá, le mandé otro mensaje pidiéndole el favor de parar antes en una tienda que queda a pocas cuadras (el punto estratégico) y comprar unas cosas para tener en la nevera por si nos da hambre (la excusa).

> *Ok. Mándame lista de lo que quieres.*
> *M.*

Cayó. Cayó. Cayó.
Me escribió esto hace quince minutos.
Contabilicé cuatro y le escribí:

C D T Q M

Hace once minutos envié el código que le confirma que el mensaje de la pared SÍ es para ella. Pero apenas lo envié pensé en que mi plan era imperfecto.

Me imaginé a M bajando del taxi, con su pelo azul volando por el viento, con el celular en la mano para ver la supuesta lista, y entrando a la tienda apresurada sin levantar la vista. Se perdería entonces del mensaje especialmente diseñado, cortado, y colgado en la pared para ella. Me lancé sobre mi cama recién instalada, pensando en que había fracasado. Me iba a dar muchísima vergüenza confesárselo así que empecé a pensar en cómo justificar las letras de mi mensaje de texto.

¿Qué? Ya estoy adentro de la tienda; mándame la lista —me escribiría.

D

Sí, es que se me borró:
café, Doritos, té, quínoa, manzanas —le respondería.

Pensé.

Hace nueve minutos sonó mi celular y me sacó abruptamente de mi costumbre de soñar despierta. Era un mensaje de M que decía:

Y T Q E M V P S

No pasaron ni treinta segundos y recibí otro. Esta vez era una nota de voz.

yo
te
quiero
en
mi
vida
para
siempre.

No sé qué le voy a decir. No sé cómo puede emocionarme tan fácil. No sé cómo dice siempre las cosas perfectas. No sé lo que está sintiendo. No sé lo que estoy sintiendo yo. No sé en qué momento va a sonar el timbre. La verdad es que no lo sé.

Este momento no lo alcancé a escribir en mi diario, en instan-
tes será obvio el porqué, pero afortunadamente puedo contarlo
desde mi perspectiva con precisión.

Ya estaba cerca a la dirección del nuevo apartamento de D
cuando le pedí al señor del taxi que si por favor podía dejarme
antes. Quería ayudarla a que su transición a su nuevo espacio
fuera lo más fácil posible y, unos minutos antes, D me había
preguntado si podía parar en una tienda que quedaba cerca y
comprar algunas cosas para comer. Le dije que sí, que me man-
dara la lista de lo que quería. El señor que conducía estaba ya
reduciendo la velocidad cuando vibró mi celular y lo miré esperando encontrar la lista de lo que D necesitaba que comprara.

C D T Q M
(decía).

—Listo, señorita. Aquí es.
—Muchas gracias, ¿cuánto le debo? —le dije distraída mirando el mensaje que acababa de recibir.
Bloqueé el celular momentáneamente mientras le pagaba al
señor. Al bajarme, cerré la puerta y me voltee pensando en que,
tal vez, lo que D me había enviado era el nombre de la tienda.
Miré hacia arriba para verificar, cuando…

CADA DÍA TE QUIERO MÁS

Decía una guirnalda de letras colgada en una puerta colorida, justo al lado de la tienda, que definitivamente no se llamaba C D T Q M. Me detuve primero para admirar lo lindo que era el aviso de letras colgantes, y después repetí en susurros lo que decía. Hasta que después de unos segundos conecté cabos, desbloqueé el celular, leí el mensaje y entendí el código.

Ese mensaje era para mí.

D

M no había llegado cuando aún intentaba escribir rápidamente, y con una letra casi ilegible, lo que había sentido con la
nota de voz que me había enviado (la confirmación de que
había visto y entendido el aviso) Lo que pasó después, lo realmente trascendental de ese día, no quedo escrito porque yo
nunca escribía cuando M estaba cerca. Era demasiado arriesgado. Pero afortunadamente me sé cada uno de los detalles que
ocurrieron apenas cerré mi diario y lo escondí bajo la cama.

Tenía un poco de dolor de cabeza que desapareció cuando
escuché el timbre. Era ella. Cuando abrí la puerta estaba de pie
con las letritas perfectamente dobladas en sus manos. Sé que le
encantó, lo pude ver en su mirada. Dijo muy sonriente mi inicial
tres veces seguidas: D… D… D…, mientras movía la cabeza
como negando algo.

Qué lindo que suena mi inicial cuando ella la pronuncia.
Pensé.

—¡Bienvenida! —le dije, haciendo un gesto exagerado de
recibimiento.

—¡Muchas gracias! —dijo respondiendo con un gesto igual
de cómico.

Con una sonrisa ladeada entró al apartamento.

—¿Tienes un papel y algo para escribir? —preguntó, aún
sonriendo.

—Claro.

Me dirigí hacia el área del comedor en donde Antonio dejó un par de cajas que habíamos llevado esa mañana. Abrí la que decía "Diseño", saqué una cartuchera, una libreta, y se los di. M las agarró con afán, como si realmente se tratara de una diligencia. Apoyó la cartuchera sobre la isla de la cocina, sacó un marcador, me miró por un segundo y empezó a escribir algo en la libreta. Mientras hacía lo que sea que estuviera haciendo, salí al balcón con un vaso de agua. Miré hacia fuera, tomé un poco y me recosté contra la pared, apoyando mi espalda y mi pie derecho. Con la cabeza volteé a mirar al interior para entender qué era lo que le urgía anotar. Parecía que ya había terminado de escribir cuando sacó un rollo de cinta de enmascarar de la cartuchera y rompió dos pedazos con los dientes mientras me miraba. Se las pegó temporalmente en el dedo meñique de la mano izquierda y teniéndolo aún levantado, arrancó la hoja de la libreta en donde había escrito.

Quité lentamente el vaso de mi boca cuando, sin quitarme la mirada de encima, le puso al papel una cinta arriba y una abajo. No sabía por qué pero el papel tenía que ver algo conmigo. Ambas permanecíamos en silencio. Había una tensión extraña que aumentó exponencialmente cuando vi que empezó a caminar hacia el balcón. No decía ni una sola palabra. Tenía una camiseta roja, *jeans* claros y tenis blancos. El pelo lo tenía un poco despeinado y se le movía de una manera espectacular con cada paso que daba. Los ojos se le veían casi verdes por la luz que ya tocaba su rostro. M seguía en silencio incluso cuando pisó el balcón y agarró la hoja con las dos manos. No quería tomar otro sorbo de mi vaso porque sentía que el sonido del agua pasando por mi garganta iba a ser ensordecedor. Recuerdo el momento en el que me di cuenta que se dirigía, con impulso y directamente, hacia el lugar específico en el que yo estaba. Se paró exactamente al frente mío de tal forma que sus piernas rozaban las mías. Nos separaba la distancia exacta de mi pierna que aún permanecía doblada.

Mientras la miraba recordé un pedazo
de lo que le había dicho en la librería la última vez:

"Lo que va a pasar es una de dos: o tienes razón, te tragas las ganas y volvemos a como éramos hace una semana…".

Levantó el brazo derecho y lo recostó en la pared, tan cerca de mí que mi mejilla izquierda rozaba su mano. Me sentía agradablemente encerrada. Levantó el otro brazo. Pensé que el vaso de vidrio se me iba a resbalar de las manos hasta caer estrepitosamente en el piso y romperse en pedacitos si tan solo me agarraba el rostro. Pero lo sostuve con firmeza al darme cuenta de que no era eso lo que haría. M había elegido justo el espacio de pared que quedaba encima de mi cabeza para pegar el letrero misterioso.

Ilusa.
Mil veces ilusa.
Pensé.

—Míralo y dime qué piensas —dijo mientras se alejaba.

Tenía miedo de mirar. Pero me habló con tanta naturalidad que me acordé de su silencio, unos días atrás, cuando en su cuarto le dije que estaba bien si ella no quería lo mismo que yo. Así que borré cualquier signo de esperanza romántica de mi mente y me separé de la pared con curiosidad inocente.

Me paré justo al frente y lo empecé a leer.

Este sería un buen lugar para darnos un beso.

Terminé de leer la última palabra.

Ilusa.
Vuelve a leer.
Pensé.

Este sería un buen lugar para darnos un beso.

El mensaje sí era real, y sí decía lo que estaba leyendo.

Me quedé ahí quieta, intencionalmente. No quería hacer ningún movimiento. Quería que cualquier cosa que pasara fuera completamente su decisión. Si sí nos besábamos, si no nos besábamos, si nos hacíamos las locas y nos poníamos a organizar, si organizábamos besándonos, si nos poníamos locas y no organizábamos, si nos desorganizábamos besándonos con locura. O si no hacíamos nada.

De repente sentí que M se movía detrás mío y cuando la vi ya estaba parada al frente mío, justo entre el espacio que me

D

separaba del aviso. Me miró con un amor que iba dispuesto a todo. Se acercó y puso su frente en la mía. Nos miramos. Sólo nos miramos durante lo que pareció una eternidad y lo que en realidad debieron ser un par de segundos. Yo seguía pasmada con lo que había leído. Seguíamos pegadas de la frente pero nuestros labios no estaban cerca. Finalmente empezó a avanzar hacia atrás, obligándome a mí a avanzar hacia adelante. Cuando no había más pasos por dar porque su espalda había alcanzado la pared, empezó a disminuir el espacio que separaba su boca de la mía.

Recordé la segunda parte de lo que le había dicho
ese día en la librería.

"O en menos de una semana, estás muriendo de ganas y lo único que queda por tragarse es lo que dices".

Suspiré sin poder controlarlo y me besó.

Esta vez no nos habían interrumpido.
Esta vez yo no se lo había pedido.

Me besó como cualquier humano debería ser besado al menos una vez en su vida. Como con un efecto analgésico que iba sanando cualquier dolor o herida que alguien me hubiera causado hasta el momento. La besé también con calma. También sin prisa. No nos importó ni siquiera que estuviéramos en un balcón. No había tiempo ni espacio.

Agradecí haber tenido razón ese día en la librería.

Llevaba varios días intentando engañar a mi mente incluso después de soñar (por segunda vez) (y ahora despierta) con su boca. Sabía que algo me pasaba pero no le encontraba nombre. Pero ese día, cuando pasó lo que pensé que no volvería a pasar, cuando (no por arrebato, sino por decisiones sumadas) maquiné todo el escenario perfecto para finalmente besarla, volví a experimentar esa adrenalina única que se siente al sentir sus labios en los míos y fue entonces que tuve la claridad suficiente para ponerle nombre a lo que me estaba ocurriendo: D era lo que me ocurría.

Nos besamos por segunda vez pero de una forma nueva. Esta vez era delicado y profundo. Estábamos sanándonos la una a la otra al besarnos. Su boca se sentía más suave que cualquier cosa que hubiera sentido antes. Nos apartamos para recuperar la respiración, pero era evidente que lo que queríamos era juntarnos más. Sin embargo, nos contuvimos.

D se agachó en cuclillas y puso de forma temblorosa el vaso que había estado sosteniendo todo ese tiempo en el piso. El agua dentro seguía en movimiento como si hubiera sido sacudido con fuerza. Yo me agaché también y me senté en el suelo. Cuando recuperamos nuestra respiración por completo, cortamos el silencio.

—¿Cómo lo sabes? —le dije en voz baja, porque era la única voz que me quedaba.

—¿Saber qué? —me preguntó.

—Todo, al parecer —le dije—: No se puede controlar, como me dijiste.

— No es que yo sepa algo que tú no. Es que uno puede cerrar los ojos cuando hay algo que no se quiere ver, pero los sentimientos no funcionan así.

Me quedé callada.

—A veces dan miedo, pero es peor si no te permites sentirlos.

Estuvimos ahí mirándonos, como nadando con nuestras mentes en lo que D había dicho.

—Eres muy importante para mí, ¿lo sabes, no? —le dije bajando la mirada.

—Lo sé, ¿qué pasa? —susurró.

—No sé… a veces siento que estoy estropeada —le confesé.

—No digas eso… No tiene nada de cierto —afirmó, como si le hubiera dicho algo terrible.

—En cambio tú, eres tan valiente, tan inquebrantable… A mí me diseñaron diferente. A mí el miedo me persigue… a donde sea que vaya. Si no es miedo a no ser suficiente, es miedo a perder a alguien otra vez, si no, es miedo a decepcionar a mi papá, si no, es miedo a ser un mal ejemplo para Alana, si no, es miedo a nunca ser la escritora que quiero ser, si no, es miedo a am… —le dije sin mirarla.

—Mírame —dijo acercándose y poniendo su mano en mi barbilla para levantarme la mirada—. Eres la mujer más asombrosa que he conocido y tener miedo no te hace menos valiente.

No sé si tú no puedas verlo… pero para eso estoy yo. Para recordártelo todos los días si es necesario.

—D… ¿Cómo es posible que seas real? —le dije. Levanté el brazo y me pellizqué con la intención de hacerla reír. No quería que estuviera triste por mis confusiones emocionales.

Se rió.

—Yo me pregunto lo mismo contigo.

Nos dimos cuenta de que las horas habían pasado y de que el sol ya se estaba yendo, cuando D empezó a frotarse los brazos con las manos. Ya estaba haciendo frío. Fuimos reacias al levantarnos y entrar al apartamento de vuelta. Encendimos dos lámparas que habían llevado por la mañana y nos dispusimos a sacar de las cajas algunas de las cosas que había traído D por la mañana. Entre las cosas que no podían faltarnos a ninguna de las dos, era un buen parlante. Lo conecté y puse nuestra lista de reproducción compartida.

D se veía tan bonita mientras iba sacando y clasificando cosas en el piso que honestamente mirarla con disimulo era lo único que estaba haciendo. Después de un rato logré dejarla de mirar de reojo y empecé a hacer lo que realmente había ido a hacer. Pasaban las horas y seguíamos allí, hablando y riendo de las cosas que encontrábamos. Empezó a sonar *Cliffs Edge* de Hayley Kiyoko y mi concentración volvió a desaparecer cuando escuché algo caer al piso. Miré a mi alrededor asustada.

D se había levantado de un solo salto y estaba bailando. Los cuadernos que tenía en las manos antes de mirarla estaban en el piso. Estaba idiotizada. Me acomodé sin pudor para verla bien. Ya no me importaba disimular. Se veía hermosa, efervescente, alegre. La estaba viendo, otra vez, en cámara lenta. Tenía un pantalón negro ajustado, una camiseta blanca, tres collares dorados distintos en el cuello y estaba descalza. Saltaba y las ondas de su pelo se dirigían a todos lados. Tenía una sonrisa coqueta pero no era para mí, se estaba disfrutando a ella misma. Se pasaba las manos por las piernas, por la cintura, por los brazos, por el pelo. Sus movimientos disminuían la velocidad. No abría los ojos y sin embargo sus expresiones faciales acompañaban cada palabra de la canción. Hacía cara brava, cara triste, se reía, se mordía el labio. Me encantaba. No había forma de negarlo, el corazón y el cuerpo me lo estaban gritando. Empezó a moverse de una forma provocativa, moviendo la cadera muy, pero muy, despacio. Dejé caer mi espalda sin resistencia contra la pared. Subía y bajaba. Tragué saliva con dificultad cuando sus manos empezaron a jugar con la camiseta. Abrió los ojos y me miró. Mi mirada se movió a la par con su mano derecha que se metió por la parte inferior de la camisa. Pensé que iba a perder la cordura. Me estaba mirando fijamente y no dejaba de bailar. Deje caer también mi cabeza hacia la pared sin intentar evitarlo. Fijó su mirada en ella misma y en lo que iba a hacer. La mano que estaba tocando su costado levantó la camiseta revelando un poco de piel. Mi corazón se aceleró. Creo que mi expresión corporal no me ayudó porque se dio cuenta de que yo no estaba "bien". Lo supe porque volvió a mirarme pero esta vez empezó a agacharse. Su mirada era seria. Yo tragaba saliva pero no sentía que estuviera funcionando, así que tragaba otra vez. D estaba gateando hacia mí como jugando. Por supuesto que estaba jugando, pensé.

¿O no?

Yo tenía ambas piernas estiradas y ligeramente dobladas y, sin pensarlo, moví una fuertemente para empujar los cuadernos que estaban atravesados. Como abriéndole campo. Creo que ahí fue cuando lo que era juego dejó de serlo. Ella pareció no haberlo notado, nada la distraía, no se inmutaba, iba directo a donde quería llegar:

a mí.

D

Nuestro segundo beso, debajo del cartel pegado en el balcón, me dejó sin asfalto ni fundamento en dónde apoyar mis pies. Estaba en otra dimensión. Después me habló con su corazón en la mano, y yo quise protegerla con mis propias manos de todo mal. Lo que sentía ya era más grande que yo. Me asustaba y me gustaba la forma como con solo mirarme ya lograba que perdiera el hilo de mis pensamientos. Ella tenía superpoderes, pero no era consciente de eso aún. La luz que entraba en el apartamento cuando cerramos el balcón era preciosa. El atardecer nos iluminaba y encendimos dos lámparas que combinaban a la perfección. Hablamos, organizamos, nos reímos. Todo parecía indicar que el momento clave del día ya había pasado. Pero sonó una canción que siempre me transporta y me paré a bailar. Había sido un día perfecto. Estaba en un estado de plenitud que hizo que se me olvidara dónde estaba. Disfrutaba del momento y disfrutaba de mí. Subía la velocidad. La bajaba. Sentía mis piernas, mis brazos, mi pelo, mi cadera. Bailaba. Subía. Bajaba. Cuando abrí los ojos, volví a la realidad, pero sin salir del estado de plenitud en el que estaba. M estaba ahí, sentada contra la pared, dispuesta a verme durante el tiempo que fuera necesario. Verla, literalmente, acomodada para observar lo que empecé a hacer inocentemente, me hizo querer jugar un poquito más.

Metí la mano debajo de mi camiseta. Me volvió loca la forma como me miró. Me agaché y gateé. El aire se volvió más denso cuando pateó violentamente hacia un lado los cuadernos que estaban al frente de sus piernas. Cuando llegué a sus pies se separó de la pared. Quedé arrodillada, sentada sobre mis talones al frente de ella. Tomó mis piernas entre sus manos y me haló. Sentí que se me detuvo el corazón. Puse mis manos en su espalda con delicadeza. Ella llevó sus labios a mi cuello, sentí cómo respiraba bajando hacia mis hombros.

Me acerqué lo que más pude a sus labios y susurré:

"¿Puedo besarte?".

A lo que me respondió en el mismo tono de voz:

"Si no lo haces, me va a dar algo".

Procedí a besarla como nunca antes me había permitido: sí. Confirmé que nada de lo que sentía lo estaba sintiendo sola, sí, por la manera en que su boca buscaba la mía, sí, por la manera en que su respiración se profundizaba con cada movimiento: sí.

Caminamos besándonos, chocando levemente con algunas paredes, y mi respiración se aceleró al entrar por la puerta de mi habitación. De repente, se separó de mí.

D

Se asustó de nuevo.
Pensé.

Eso creía, hasta que M miró hacia abajo y empezó a quitarse la camiseta. Mis manos se alejaron de su cuerpo, asustadas. ¿Estaba soñando? Se la quitó por completo y la dejó colgando en su mano. Mi boca se abrió ligeramente al darme cuenta de lo que estaba pasando. La miré como asegurándome de que era real, los ojos le brillaban. Me alzó con fuerza y me sentó sobre la cama. Bajó las manos por mi espalda. La aparté con un poco de fuerza, sonrió. Quise tentarla, quitarle poder, hacerla esperar.

Crucé los brazos para sujetar cada esquina de la camiseta y me la quité lentamente. Intentó decir algo pero no emitió ningún sonido. Se desesperó rápidamente y sus labios volvieron a mí. Nos acostamos en la cama sin dejar de besarnos. Por un momento me separé para verla bien. Nuestras miradas no se desconectaban, tratábamos de entender lo que estaba sucediendo. Su mano derecha tomó mi cintura y deslizó sus dedos por el borde lateral de mi pantalón. Tragué saliva. Rozando mi piel recorrió el camino desde mi cintura hasta debajo de mi ombligo. Con una mezcla de timidez y seguridad, me desabrochó el pantalón. La miraba como intentando descifrar el momento en que iba a enloquecerme. Con desenfreno busqué su boca, luego su oreja, y luego su cuello. Y sus piernas, y sus manos, y su lengua, y sus brazos, y su ombligo. Su mano agarró la mía y empezó a guiarla hacia su cremallera. Nos miramos un momento como pidiéndonos permiso sin hablar. Sí. Antes de bajarla por completo la agarré con mi otra mano deteniéndola.

—¿Estás segura? —le pregunté

—Más que nunca —declaró.

"Pues conmigo vas a querer estar".

Esas fueron las palabras que usó para embrujarme.

Sí.
Por favor.
Mil veces sí.

Ese día aprendería para siempre que hay algo completamente imposible que se vuelve posible cuando D me toca: me quita el aliento hasta el punto en el que siento que me voy a ahogar y al mismo tiempo es como oxígeno que necesito para respirar. Su cuerpo supo perfectamente lo que tenía que hacer para hacer enloquecer el mío, así fuera la primera vez que se conocían. Mi única meta fue hacerla perder el control y lo logré. Ese día nos mordimos, nos sentimos, nos conocimos, nos hablamos sin hablar, nos ahogamos, nos dimos respiración, nos probamos, nos tocamos, nos controlamos, nos relajamos, y nos acariciamos hasta lo más profundo del alma. Su cuerpo, su cara, su ser, toda ella me parecía perfecta. La recorría con miedo de que fuera de porcelana. Jugaba a bloquear y desbloquear sus músculos pero a la vez temía que con solo rozar su piel pudiera quebrarla. Nos tratábamos con precaución. La olía, la probaba, la escuchaba.

Habíamos hecho con la otra lo que siempre habíamos querido que nos hicieran.

D, así. D, en mí. D, conmigo. D, era lo más mágico que había visto. Y D me había hecho sentir su magia en cada terminación nerviosa de mi cuerpo.

No quería detenerme. No podía ser justo que sólo con poner la yema de mis dedos sobre su cuerpo ya quedara adicta. Ya no habría vuelta atrás. La idea de mantenernos alejadas pudiendo aprovecharnos, sonaba ridícula. Después de lo que había sido el momento más irreal de mi vida, cuando todos nuestros sentidos estallaron, todo pareció detenerse. El silencio se escuchaba más fuerte que nunca. Nos miramos a los ojos y quise hablarle pero mi voz parecía no funcionar. Aún tenía restos de placer en mí.

D me miró como con ganas de llorar y me empezó a dar pequeños besos en lugares aleatorios.

Le levanté la cara cuidadosamente con mis dos manos y le pregunté:

—¿Estás bien?

— Sí... ¿y tú? —me dijo, como angustiada de lo que fuera a responder.

— Sí... Te quiero, D —le dije convencida mientras le acariciaba el rostro.

Juntó su frente a la mía y me dijo:

— Quédate...

—El tiempo que quieras —le respondí sabiendo que estaba hechizada para siempre.

Me desperté y cuando abrí los ojos estaba segura de que había sido el sueño más real, bonito y mágico de mi vida.

Debe ser buena suerte haberlo soñado en mi primera noche viviendo sola. Pensé.

Sin embargo, tenía ganas de llorar y no sabía por qué. Supongo que me decepcioné al saber que algo así jamás se haría realidad. M nunca iba a sentir lo mismo que yo. Apreté mis ojos al pensarlo y me volteé buscando el lado frío de la cama con la intención de distraerme cuando la vi.

Grité y me levanté de la cama.

M se llevó las manos hacia los ojos para tapar el sol que entraba fuerte por la ventana, aturdida por mi grito.

No podía creerlo.
M. En mi cama.
No había sido un sueño.

M hizo un sonido perezoso mientras se giraba.

Yo no podía hablar.
Seguía paralizada delante de la cama.

D

—Hola… —dijo con timidez al abrir los ojos.

¿Me pellizco? ¿Qué hago? Debo seguir dormida.
Pensé.

—¿Hola? —pregunté como si se tratara de un invento de mi mente.

Vi que M sintió nervios al mirarme bien y quitó la mirada con rapidez. Me di cuenta de que yo no tenía ropa.

M me había visto.
La M que estaba en mi cama.

—PERDÓN —dije y me metí de un solo salto a la cama para cubrirme con las sábanas sin entender nada de lo que estaba pasando.

M se rió disimuladamente mientras seguía mirando al techo.

Me llevé las manos a la cabeza. Me empezaban a aturdir mis propios pensamientos.

La M sin ropa, que estaba en mi cama, bajo mis mismas sábanas, me miró.

—¿Lo que pasó ayer… sí pasó? —le dije sin ser capaz de mirarla con una sensación de irrealidad.

—Sí —me dijo con ternura y volvió a mirar al techo.

Yo quería decir algo pero no sabía qué. Sólo tartamudeaba.

—Pensé había sido un sueño… —dije mirando al techo también.

—Porque pareció —respondió más segura que nunca.

Tragué saliva.

Mi despertar fue como una escena de una película de comedia. Escuché un grito y mi mente se empezó a despabilar lentamente. Estaba saliendo de mi estado de sueño con una sensación de confusión, cuando abrí los ojos esperando encontrarme en mi cuarto, y me di cuenta de que estaba en un lugar bastante diferente. D fue quién gritó y estaba mirándome al frente de la cama como si hubiera visto un espanto. Duré un par de segundos en ubicarme.

Estaba en su ~~cuarto~~.
Estaba en su cama, específicamente.

Y como en las películas tuve un flashback: me desplacé al pasado y recordé todo en un segundo. La saludé con timidez y entendí de inmediato porqué había gritado. Pensó que todo lo que había pasado el día anterior había sido producto de su imaginación y al verme, la traje de un solo golpe a la realidad. Cruzamos un par de palabras y me confesó que pensó haberlo soñado todo. La entendía. Había sido un sueño en vida real.

Me paré de la cama después de un rato en el que permanecimos en silencio mirando el techo y busqué mi camiseta en el suelo con timidez. La encontré y la alcé, mientras me la terminaba de poner me volteé a ver a D y estaba con la boca abierta, apretando las sábanas hacia su cuerpo, mirándome.

—¿Te acuerdas cuando me dijiste que contigo iba a querer estar? —le dije.

—Mmmm —me dijo afirmando.

Asentí con la cabeza. Sólo quería confirmarlo. No dije nada más y salí a la cocina.

D se demoró varios minutos en salir del cuarto pero cuando lo hizo tenía pijama, saco y medias puestas. Yo tenía una sensación de extrañeza pero intentaba no prestarle tanta atención. Nos servimos cereal de desayuno. Terminamos de comer. D seguía sin decir ni una sola palabra.

Al leer la situación desde el exterior se podría sospechar que tal vez lo que pasaba era que D estaba arrepentida y que tal vez para ella, sorprendentemente, lo que había pasado el día anterior había estado mal. Sin embargo, yo sentía que ese no era el caso y cuando me miró para recoger mi plato, sólo con ver sus ojos, entendí lo que le pasaba.

D me había dicho días antes, aparentemente con convicción, que yo iba a volver a ella buscando algo más. Lo que ni ella y yo sabíamos era que eso que parecía convicción era otra cosa completamente distinta. D estaba tranquila cuando me dijo que iba a querer estar con ella porque, aunque lo deseara con todas sus fuerzas, creía saber en el fondo que era algo que nunca pasaría. En su cuerpo no había ni rastro de nerviosismo cuando me lo aseguró porque sin saberlo pensaba estar mintiendo. ¿Yo, M, verla de esa forma? ¿Yo, M, volverla a besar? ¿Yo, M, seguirle la corriente? Jamás. D llevaba desde entonces pensando, hasta ese preciso instante, que lo que había dicho no tenía ni el mínimo chance de volverse real. Mucho menos que, en caso de volverse real, fuera a suceder como sucedió y que superara cualquier expectativa por alta que fuera.

—D… sobre anoche… ¿Quieres hablarlo? —le pregunté con dificultad cuando terminé de comer.

—Sólo quiero saber una cosa… —me dijo con tristeza en su voz—. ¿Estás arrepentida?

— No —dije y me miró sorprendida.

Esa respuesta salió de mi boca sin si quiera tener tiempo de considerarlo. Sentí como si la respuesta viniera directamente de lo más profundo de mi ser y me hubiera dejado sin la opción de mentirme a mí misma al buscar otra. Cómo podría arrepentirme de…

—M… ¿Estás segura? —preguntó de una forma que me confundió.

1. O como confirmando si lo había dicho únicamente para no herirla.
2. O como insinuando que para ella sí era algo de lo cual arrepentirse.

Respiré y seguí firme con lo que le había dicho, la verdad.

—Sí, pero si piensas diferente puedes decírmelo —le dije.

—M… —pronunció con los ojos entre aliviados y frágiles—: No estoy así porque esté arrepentida… para mí anoche fue como un sueño… estoy así porque tengo miedo de que hoy ya no te guste lo que pasó.

Guardé sus dos manos entre las mías y les di un beso.

Yo no podría arrepentirme jamás de haberla amado como lo hice.

Cuando me estaba bañando, y el vidrio de su ducha se llenó de vapor, escribí con mi dedo:

Soñé contigo y me gustó.

D entró a bañarse después de mí. Cuando salió, yo estaba sentada al otro lado de la cama poniéndome los zapatos. D pasó, casi corriendo, por encima de la cama como una niña pequeña y cuando estaba detrás de mí, me volteó la cara y me besó la frente.

Lo había leído.

D

La razón no la tenía yo

No sé por qué sigo siendo ilusionándome en situaciones en donde es obvio que voy a salir perdiendo. Ya ha pasado una semana desde que estuvimos juntas. Esa mañana M me devolvió el alma al cuerpo cuando me aseguró que no estaba arrepentida y cuando, a través de un mensaje que solo vivirá en mi memoria porque se evaporó, me confesó que al contrario, le había gustado.

Llevo desde entonces pensando que 1. Soy la mujer más afortunada del mundo, y en que, 2. Si pasé la mejor noche de mi vida junto a la persona que más amó, todo es posible. Creo que justamente ahí estuvo mi error, en el final de mi pensamiento número dos. No todo es posible. O por lo menos, aparentemente no para mí.

Estoy enamorada.

Hace algunos días sé que lo sé, y sin embargo, no había sido capaz de abrir este diario y escribirlo. Pensé que hasta no lo decirlo, ni en voz, ni en tinta, no sería completamente cierto.

El momento en el que con un lápiz pueda escribir esas catorce letras,
será porque estaré contenta de aceptar mi diagnóstico.
Pensaba.

Qué equivocada estaba. 1. No escribirlo y no decirlo no lo hace menos real. Podría haber seguido engañándome muchos meses si hubiera querido, pero lo que es es, así no lo grite ni lo dibuje. 2. Hoy es el momento en el que con lápiz finalmente escribo las catorce letras y definitivamente no estoy contenta. Quiero aclarar algo: Amo amar a M como la amo. Lo que me entristece no es eso. Lo que sí es que hoy me dio a entender que tal vez no me ama de la misma forma.

Desde esa noche maravillosa M siguió viniendo a diario a mi apartamento para ayudarme con mi mudanza. Trabajamos tan bien en equipo que en pocos días ya teníamos lista mi habitación y la cocina. Cada día nos proponíamos metas de organización y si las cumplíamos a tiempo nos premiábamos saliendo a Mocca, al cine, a un restaurante, a su casa, a la mía, o a un parque. Íbamos a donde fuera pero juntas. Al parecer todo iba increíblemente bien. No tuvimos ningún acercamiento físico importante, pero sí actitudes que parecían estar encaminándonos hacia algo más que una amistad: nos hablábamos todas las noches por chat cuando se iba, nos preguntábamos muy temprano cómo habíamos amanecido, cuando pronunciábamos nuestras iniciales sonaban diferente, cuando nos mirábamos era como comunicándonos, nuestras respiraciones se ponían de acuerdo si accidentalmente nos acercábamos.

Hace cuatro días exactos le propuse que se quedara a dormir por un tiempo, para poder pintar nosotras mismas el cuarto que va a convertirse en mi estudio de diseño como lo habíamos planeado. Sería algo completamente temporal, apenas termináramos el estudio todo volvería a la normalidad. M aceptó.

D

Cuando llegó ese día traía un colchón de inflar en sus brazos que puso al lado de mi cama, asegurándose de que hubiera algo que nos separara por las noches con miedo de que volviera a pasar algo entre nosotras.

¿Por qué dejarme llegar hasta el punto que llegamos para después de la nada poner una barrera (literal) en el medio? ¿No me había dicho antes que no se arrepentía?

Sin embargo, no tuve más remedio que aceptarlo. Llevábamos tres días durmiendo así. Ella en el colchón y yo en la cama. Pero anoche fue diferente. Primero intentamos imitar una receta de pasta fetuccini con camarones que encontramos en internet, y cocinamos todo el rato riéndonos de lo torpe que es ella en la cocina. Cuando terminamos y nos sentamos en la mesa quedamos en absoluto silencio al probar nuestra creación. Nos había quedado exquisita. Pese a todas las medidas incorrectas que M le añadió. Después nos fuimos a mi cuarto satisfechas y nos sentamos sobre la cama, cada una a un extremo. Nos pusimos a hablar de un millón de cosas distintas y pasaron las horas como si fueran minutos.

—¿Así que nunca te ha gustado salir a bailar? —le pregunté a M con curiosidad.

Estábamos hablando de historias y anécdotas de mi viaje a Europa de hace años, en donde me escapaba del hotel para salir a bailar con el niño que me encantaba en ese entonces.

—No es eso, más bien es que nunca tuve con quién vivir ese tipo de cosas —me dijo ella—: pero me encanta bailar aunque no parezca.

Sonrió.

—Vamos a vivirlas entonces —le dije seria.

—D... nadie nunca me sacaría a bailar a mí —respondió riendo.

Me di cuenta de que no era consciente de que me había dolido su respuesta. La estaba invitando a salir después de que hace una semana habíamos dormido juntas. Literalmente.

¿Nadie? ¿Yo era nadie para ella? ¿Estaba insinuando que si a mí alguien más me sacara yo aceptaría? ¿No estaba entendiendo mi indirecta que de indirecta no tenía nada? Decidí ser más clara, pero honestamente tenía un mal presentimiento.

—Yo, M, yo te sacaría a bailar —le dije mirándola a los ojos.

No dijo nada.

El aire otra vez era denso.

—Vamos entonces —respondió seria después de un rato que sintió eterno.

Ambas sabemos que no somos las mismas desde que ELLA se quitó la camiseta. Tenemos un lenguaje corporal distinto que, por más que queramos, no podemos disfrazar entonces, ¿por qué seguimos jugando a que no vemos lo que está pasando? Me puse un pijama y le pasé a ella una camisa nueva para dormir como veníamos haciendo las últimas noches. Pero cuando ya estábamos listas para irnos a dormir, M no se bajó al colchón. Me hice la loca. Apagué la luz dispuesta a dormirme, pero incluso después de veinte minutos parecía imposible sabiendo que ella estaba en la misma cama. Quería algo pero no sabía qué hasta que decidí voltearme a verla. Estaba despierta. Estiré mi mano en la completa oscuridad y, sin ver, quité un mechón de pelo que estaba sobre su cara. Puso sus manos sobre las mías y les dio un beso tierno. Yo sentía que sonreía involuntariamente del alivio que me invadía. Pensé que definitivamente era una nueva señal de que sí éramos algo más y de que sí estábamos en la misma página. Hasta que me acordé de que hacía unos minutos la había invitado a salir y me había respondido como cuando nuestros labios no se conocían. M ya se había quedado dormida pero yo no podía callar mis pensamientos.

Esa mañana me levanté y su mano aún estaba entrelazada entre la mía. Nos habíamos quedado dormidas así. Llevaba mirándola dormir un par de minutos cuando decidí que necesitaba saber qué era lo que estábamos haciendo. Me separé cautelosamente. Ella seguía dormida incluso después de que abrí mi mesa de noche y saqué un marcador. Quería que supiera mi pregunta apenas abriera los ojos. La miré un par de segundos más y escribí en su almohada:

¿Qué somos?

Me levanté sigilosamente y fui a la cocina para tenerle el desayuno listo. Empecé a preparar tostadas a la francesa sin hacer casi ningún ruido. Ya las tenía casi todas listas y cuando puse la última en la sartén, quise ir a revisar si seguía dormida. Me entró una emoción repentina cuando me acerqué a mi cuarto. Empuje la puerta lentamente y cuando asomé mi cara la vi. Ya no estaba

dormida. Al contrario, quién sabe hace cuanto se había desperta-
do porque estaba completamente sentada. Disimuladamente me
asomé un poquito más y me di cuenta de que estaba en silencio
mirando la almohada que había puesto encima de sus piernas
cruzadas. Debió sentir que alguien la miraba porque levantó la
mirada rápidamente hasta encontrarme con los ojos. Me quedé
congelada y se me cortó la respiración cuando me di cuenta…

Agh.
Odio llorar, y más cuando estoy escribiendo porque la tinta se empieza
a correr y me recuerda lo fácil que se dañan las cosas.

…cuando me di cuenta de que M estaba llorando.

La miré sin saber qué hacer o qué decir. La había hecho
llorar y seguía haciéndolo. Estaba triste por mi culpa y por mi
estúpida pregunta. Lo había arruinado todo. Estaba ahí de pie,
queriendo poner mis sentimientos a un lado para proteger los
suyos. Quería devolver el tiempo. Pensando que ella tenía razón,
que esto iba a terminar así.

Sentí que no podía aguantar las ganas de llorar cuando casi
sin voz dijo:

No sé.

No debimos habernos vuelto a besar como me lo advirtió en
la librería.

Me dolió saber que ella había sido quien tenía la razón.

Esta parte de la historia es difícil de explicar para mí pero intentaré hacerlo de la mejor manera. Ese día traté de contener las lágrimas con todas mis fuerzas pero fue imposible y aunque quisiera usar todas las palabras que describen lo que sentía por dentro, lamentablemente, hasta el momento, esas palabras no han sido creadas.

Imagina tener tanta sed que sientes que te estás muriendo, pero al mismo imagina que tienes la creencia de que al beber agua esta te asfixiará.

Yo la amaba, de eso no tenía duda. No había nada mal en ella, no le faltaba nada, era todo lo que yo podía soñar y más. D no tenía el problema, el problema estaba en mí y no era uno que acabara de aparecer. El problema llevaba mucho tiempo instalado en mi sistema. El problema era el mismo que, cuando tenía seis años y el niño que me parecía lindo me pidió que fuera su novia, hizo que al día siguiente cuando me llevó rosas las botara al piso y me fuera llorando. El problema era el mismo que, cuando tenía once, y una niña me pareció bonita, me hizo borrarla por completo de mi memoria. El problema era el mismo que, cuando tenía trece, y mis amiguitos empezaban a salir a comer helado o a ir al cine con la persona que les gustaba, me hizo sentir completamente apartada. El problema era el mismo que, cuando tenía catorce, y el niño que tanto me encantaba por fin se fijó en mí, me hizo alejarlo. El problema era el mismo que, cuando algún pensamiento sobre mi orientación sexual aparecía, me hacía triturarlo por completo. El problema era el mismo que, cuando por fin me permití enamorarme, lo hice de una manera completamente platónica, inalcanzable. Y que, cuando ese amor platónico se materializó, cuando él se enamoró de mí, sentí que yo jamás sería suficiente.

El problema:
Era uno que no supe nombrar a lo largo de mi vida y que identifiqué mucho después:

Filofobia: la fobia al amor.

Parece algo imposible de imaginar pero es real.

Se trata de un trastorno de ansiedad que puede tener efecto en la vida social y emocional de una persona. Es algo que te hace tener constante deseo y necesidad de buscar el amor, pero que al mismo tiempo te hace tener terror de sentirlo o siquiera imaginarlo. Hace sentir miedo irracional, malestar, niveles de estrés físico y emocional, negación de las necesidades, evitación de los vínculos emocionales, miedo al contacto social, represión de sentimientos, y el deseo inexplicable de abandonar cualquier situación en donde se esté cerca de la presencia de las personas que hagan sentir atracción de algún tipo. Este miedo no produce las mariposas en el estómago, ni el nerviosismo normal que sienten algunas personas cuando están con la persona que les gusta. Este miedo es un terror que activa distintos mecanismos de defensa.

Y ese miedo era el que tenía yo.

Hoy que ya lo sé me genera paz mental y un alivio emocional haber encontrado la respuesta a lo que nunca pude entender sobre mí. Ahora, después de haberlo descubierto de la mano con la psicóloga, sé con certeza que mi manera de actuar en todas esas situaciones que mencioné anteriormente, no era simple exageración. También entiendo ahora el porqué busqué a Lucca desde el inicio de forma platónica al hablarle desde el anonimato.

Pero qué triste es no poder transportarme a ese momento en el que mi "yo del pasado" lloraba al frente de D, y no poder decirle al oído que sí tenía una explicación y que, sin darse cuenta, había progresado impresionantemente.

La cura

Quiero hacer un énfasis importante en algo que hoy me parece hermoso. D fue la primera persona por la cual luché contra la fuerte corriente de mi problema. Fue la primera persona que, sin saberlo, arreglaba mi trastorno poquito a poquito. D hacía lo que fuera por mí, y yo, sin importar que me desarmara en el intento debido a mi miedo, quería hacerlo por ella.

Aunque siguiera sintiendo algunos de los efectos físicos y emocionales de mi fobia, quiero recordar que, sólo hasta ese momento en el que estamos de la historia yo la había soñado besándome, yo había intentado besarla, yo la había besado, yo la había vuelto a soñar besándome, yo la había vuelto a besar, y yo me había quitado la camiseta primero. Y había hecho todas las anteriores sin huir, sin escapar, sin desaparecer, sin alejarla, sin correr, y, sobretodo, sin morir en el intento. D ya había sido mi primer beso y D había sido también mi primera vez. Era obvio que la amaba más de lo que amé a cualquiera a lo largo de mi vida. D era la excepción de la regla. Con ella sí quería amar, con ella sí quería aprender, con ella sí quería explorar.

La recaída:

Pero la lista de cosas que hice sin hacerle caso a mi problema, llegó ese día a cobrarme la factura.

Hoy sé que cuando me puse a llorar con la almohada que decía "¿Qué somos?" en mis piernas, tenía una gran necesidad de ser amada y también un gran e irracional terror de permitirlo. Y sé que lloraba de frustración e impotencia por no poder entender lo que sentía, no poder responder a la pregunta, y no encontrar una forma humanamente posible de explicárselo a D.

Volviendo a la historia:

¿Por qué vuelvo a sentir que estoy irremediablemente dañada de repente? ¿Por qué esa sensación tan familiar para mí vuelve a visitarme cuando por fin saboreé el amor en su máxima expresión?

Pensé en todo esto mientras miraba la almohada en mis piernas antes de que me diera cuenta que D me estaba viendo llorar. Subí la mirada al escuchar un leve ruido y la vi detrás de la pared. Tenía la mirada más triste del mundo. Pude ver que, sin la más mínima intención, con solo ver mi estado, la había lastimado. Sin quitarle la mirada supe que por más que intentara no iba a poder dejar de llorar. Mi llanto continuaba y mis manos empezaron a temblar.

A D se le escurrió una lágrima por la mejilla cuando de mi boca salió hilo de voz entrecortado diciendo:

No sé.

Los últimos días han sido difíciles

Desde que no pude responderle a D lo que somos, no he tenido muchas ganas de escribir. No nos hemos vuelto a ver ni a hablar. Menos mal aún no empieza la universidad porque no soy capaz ni siquiera de pensar con claridad. Llevo todos estos días de distanciamiento con un nudo en la garganta y una confusión en el corazón que no puedo comprender ni explicar. Por primera vez estaba viviendo las cosas que siempre soñé vivir, con una persona como la que siempre soñé encontrar, sintiendo lo que siempre pensé no poder, y simplemente pareciera que no fuera posible avanzar. No puedo. No es que no quiera, no es que no lo necesite. NO PUEDO.

¿Por qué *todos los demás sí*?

¿Por qué siento que nadie más siente esto?

¿Por qué cuando amo y me aman de vuelta, hay algo en mí que busca la forma de obstaculizarlo?

¿Por qué por primera vez llegué tan lejos para frenar en seco?

¿Por qué no puedo decidirme a tomar lo que más quiero?

¿Por qué con ella?

Si (al menos) encontrara una manera lógica de explicar, manifestar o exteriorizar esa barrera inquebrantable emocional que me asfixia…

Si (al menos) entendiera el porqué…

podría empezar a intentar explicárselo a D.

Nadie nunca entendería que me muero por estar con ella de todas las formas posibles, pero que esa es precisamente la razón que me asusta lo suficiente como para no ser capaz de hacerlo. Y llorando en su cuarto recordé el momento en donde le aseguré que algo en mí no funciona bien, no me estaba equivocando. Mi gran error fue iniciar algo que sé que nunca en mi vida he podido enfrentar. Pero lo hice porque lo que siento por ella es algo que nunca en mi vida me había permitido sentir.

No he dejado de pensar en cómo se escuchó de fuerte su corazón al romperse con mi respuesta. No sé si piensa que lloraba porque no la puedo ver de la misma forma, o porque es una mujer y yo también, o porque éramos mejores amigas y a eso no podemos volver.

Después de tomarme algunos días y de ya haber pasado por cada una de las etapas de la duda, puedo clasificarlas todas como incorrectas con seguridad. La veo igual a como ella a mí, amo con locura que sea una mujer, y ella tenía razón: se puede seguir siendo eso y aún sumarle algo más. El impedimento no tiene nada que ver con lo que ella es. Y amar a D no es lo que es difícil. Creer que sí merezco que ella me ame es lo que parece inconcebible. Ojalá no piense que no la quiero con todo mi ser porque al contrario, es de lo único de lo que hoy estoy segura.

Quiero buscar la sabiduría suficiente para tomar la decisión que menos daño pueda hacerle, y una a la que me comprometa sin margen de error. Si el miedo me sofoca, no voy a seguir alimentando una ilusión a la que no voy a poder hacerle justicia. Pero si decido que voy a amarla, voy a amarla bien, sin miedo.

No sé cómo se repara una persona lastimada y menos una a la que yo misma lastimé. Tampoco sé de donde sacaré la sabiduría necesaria para tomar esa decisión pero la tomaré. Por ahora, decidí dejarle un "Discúlpame" sobre una torta (que papá me ayudó a hacer) acompañado de una carta (sin sentido) en donde me hago responsable de todas las cosas que hice (o no hice) y que nos han traído aquí.

Discúlpame por actuar raro la noche en la que me contaste que habías besado a una mujer.

Discúlpame por no contarte que no me sentí diferente contigo sino conmigo.

~~Discúlpame por soñar que me besabas.~~

Discúlpame por no contarte que esa noche soñé que me besabas.

Discúlpame por no confesarte a tiempo a qué nivel le temo al amor.

~~Discúlpame por ser yo la primera en verte de una manera diferente.~~

Discúlpame por acercarme a tu boca buscando lo que toda la vida se me había perdido.

Discúlpame por desorganizar lo que estaba organizado.

Discúlpame por sin quererlo arrastrarte al mismo charco.

Discúlpame por finalmente terminar lo que había intentado iniciar y besarte.

Discúlpame por no arrepentirme.

Discúlpame por no haberte contado que eras mi primer beso.

~~Discúlpame por volverme adicta a los tuyos.~~

Discúlpame por ser yo la que te dijo que no podía pasar de nuevo.

Discúlpame por dudar de lo que sentía.

Discúlpame por haberte hecho ir hasta mi trabajo con afán de borrar lo que estaba sintiendo.

Discúlpame por decirte que tenía miedo de que alguna sintiera algo más.

Discúlpame por decirte que estaba mal enamorarse.

Discúlpame por usar de excusa que no había estado antes con una mujer. Discúlpame por no decirte que en realidad no había estado con nadie.

Discúlpame por no creerte cuando dijiste que iba a querer estar contigo.

Discúlpame porque en realidad de pronto lo sabía, pero no lo reconocía.

Discúlpame por no decirte que volviste a iluminar mi casa y mi familia cuando entraste por la puerta.

Discúlpame por no decirte que yo también quería lo mismo cuando me dijiste que estaba bien no hacerlo.

Discúlpame por tener miedo y no decírtelo.

~~Discúlpame por soñar despierta que me besabas cuando fuiste a mi cuarto (a pesar de todo lo anterior).~~

~~Discúlpame por llevarte a cenar conmigo a la cena que me dio Lucca.~~

Discúlpame por haber estado pensando en lo tenebroso que era el amor de nuevo.

Discúlpame por no habértelo dicho.

~~Discúlpame por poner un lugar de besos en tu apartamento.~~

~~Discúlpame por besarte ahí la segunda vez.~~

~~Discúlpame por no arrepentirme.~~

~~Discúlpame por mirarte como te miré cuando empezaste a bailar.~~

~~Discúlpame por no seguir mi propia regla y permitir que me besaras.~~

~~Discúlpame por decirte que me iba a dar algo si no lo hacías.~~

~~Discúlpame por quitarme la camiseta.~~

~~Discúlpame por quitarte la tuya.~~

~~Discúlpame por haberte sentado sobre la cama.~~

~~Discúlpame por perderme en cada centímetro de tu piel.~~

Discúlpame por no arrepentirme.

~~Discúlpame por hacer exactamente lo que tu cuerpo iba queriendo.~~

~~Discúlpame por permitirte hacer lo mismo con el mío.~~

~~Discúlpame por decirte cuánto te quería.~~

Discúlpame por no arrepentirme.

~~Discúlpame por ser honesta y decirte que no me arrepentía.~~

~~Discúlpame por decirte cuánto me había gustado.~~

Discúlpame por actuar como si nada hubiera pasado por varios días.

Discúlpame por llevar un colchón para separarnos en las noches.

Discúlpame por sentir terror de perderte.

Discúlpame por haber dicho que nadie me sacaría a bailar cuando tú claramente lo harías.

Discúlpame por dudar de lo que sentía.

Discúlpame por no haber ido a bailar contigo aún.

~~Discúlpame por romper la barrera y dormir esa noche en tu cama.~~

~~Discúlpame por haberte sostenido la mano después.~~

Discúlpame por despertarme sin saber que me estabas haciendo semejante pregunta.

Discúlpame por haberla leído y congelarme.

Discúlpame por no saber responder a dos sencillas palabras.

Discúlpame por hacerte llorar con mi llanto.

Discúlpame por no decirte que no hay nada malo contigo.

Discúlpame por no explicarte que lo quiero todo pero que le temo también.

Discúlpame por no entender porqué.

Discúlpame por no hacerte ver que eres perfecta.

Discúlpame por seguir estropeada.

Discúlpame por no haberte dicho lo que te voy a decir.

Discúlpame también porque ahora sí voy a hacerlo.

Discúlpame porque quiero algo más y porque de todas formas, no sé qué hacer con eso.

Discúlpame por no arrepentirme.

No sé lo qué somos D, pero me gusta ser lo que sea que seamos.

Siento un miedo a amar desde que tengo memoria, pero si miras esta lista, por fin empiezo a vencerlo. He hecho las cosas mal por ingenua, por nunca haber sentido lo que contigo estoy sintiendo. No he querido nunca hacerte daño y si lo he hecho me arrepiento. No te puedo pedir que me tengas paciencia en este nuevo camino que desconozco, pero si pudiera lo haría. Quiero poder entenderme para tomar la decisión que menos te perjudique.

No sé qué somos pero espero que lo que decidamos ser sea lo mejor para ti.

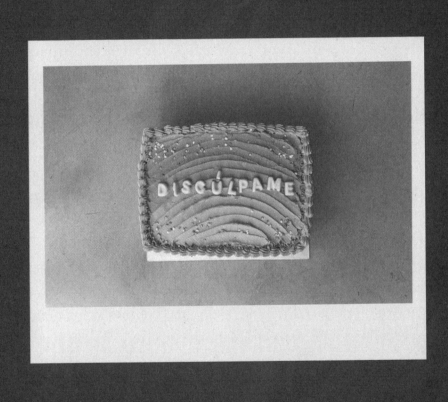

D

Quiero quererla

Creo que hoy perdí la noción del tiempo desde que abrí la puerta de mi apartamento pensando que quién timbraba era un domiciliario y me encontré con que no había nadie sino algo. Un ponqué que decía "Discúlpame" y un papel doblado por la mitad reposaban tranquilamente sobre el suelo. Sé que solo M dejaría un mensaje como ese, así que miré desesperada a mi alrededor esperando encontrarla sin que funcionara. Estoy casi segura de que ella estaba cerca porque no fue tanto el tiempo que pasó desde que sonó el timbre hasta que abrí la puerta. Sin embargo no había rastro de ella ni en el ascensor ni en las escaleras. Lo único que demostraba que no me había imaginado el momento era que el ponqué y el papel doblado seguían ahí, esperando que los levantara. Eso hice. Cerré la puerta y dejé todo en la cocina. Digo que perdí la noción del tiempo porque no me acuerdo cuánto tiempo pasó mientras pensaba si leer o no la carta. Esta semana sin ella me ha hecho doler el corazón y temía que al leer la carta se me fuera a destrozar.

Llevo estos ocho días cenando a diario en la casa de mis papás para no sentirme tan sola. Sabrina aún sigue en casa de mis papás y al parecer se va a quedar otro tiempo más gracias a una oportunidad laboral. Me gusta tenerla en la misma ciudad, así ya no estemos bajo el mismo techo. Ya van tres veces en las que me han preguntado por M mientras cenamos, que "cómo está" que "por qué no ha venido" y las tres veces les he mentido. Les he dicho que está muy bien y que no ha podido ir simplemente porque han sido días ocupados para ella, fingiendo una sonrisa al final. No quiero decirles que en realidad no lo está, y que yo por ende tampoco, porque solo conseguiría preocuparlos. Y tampoco quiero contarles que si M no ha ido es porque hay un malestar entre nosotras que se debe a que estoy profundamente enamorada de ella, porque solo conseguiría confundir a más personas. Mi mamá tenía algo de incredulidad en la mirada cada una de las veces que respondí algo relacionado a M en la mesa. De pronto no he sido buena al ocultar que por dentro estoy muy triste y que M no ha estado ahí por una causa mayor. Por un momento pensé en decirle a mi mamá toda la verdad: que M no está bien por mi culpa, que yo no lo estoy tampoco por la suya, que me enamoré de mi mejor amiga pero que ella de mí no, que M me lo advirtió y sin embargo no la escuché, y que no tuve miedo de jugar con fuego hasta que me quemé. Pensé en que mi mamá me consentiría hasta que dejara de llorar y me daría algún remedio casero para sanar el corazón. Pero luego volví a la realidad y me acordé de que las cosas no suelen pasar como me las imagino y preferí no decirle nada. Todas las siete noches volví a mi apartamento y me dormí con el televisor encendido para no sentirme tan sola.

Las cenas. La pregunta. Mi mamá. El apartamento vacío. El televisor.

Recordé mi semana sin ella y me ganó la curiosidad de saber cómo había sido la suya sin mí. Me paré por fin de la silla y me dirigí hacia la torta. "Discúlpame" decía, convirtiéndose en un nuevo mensaje diseñado para mí. La revisé detalladamente y

D

me gustó muchísimo así no lo quisiera admitir. Era hermosa y olía delicioso. Intenté adivinar el sabor solo con mi sentido del olfato y más rápido de lo que pensé supe que era de arándanos, mi favorita. De solo imaginarme a M cocinándola me reí sin querer. Alguien tuvo que ayudarle. Luego me enternecí al darme cuenta de que las letras estaban hechas de chocolate. No sabía qué significaba pero M se había tomado un buen tiempo creando mi mensaje. Si M había buscado la forma más dulce para pedirme que la disculpara, pensé que tal vez las palabras de la carta que la acompañaban no serían muy diferentes. Pero luego pensé en la posibilidad de que tal vez las palabras sí eran realmente diferentes y que para equilibrarlas, las había combinado con algo tan dulce. Me di cuenta de qué no había manera de predecir lo que decía en el papel hasta verificarlo con mis propios ojos y lo tomé con ambas manos.

Lo leí y…

Aún tengo el papel aquí a mi lado completamente abierto. Sigo repasando una y otra vez cada una de las cosas por las cuales se disculpó desde que la leí la primera vez. Noto que las frases que rayó han sido mis momentos favoritos y eso me hace entender que los suyos también. Así algo dentro de ella la haya hecho pensar inicialmente que estuvieron mal, los tachó como dándose cuenta de que no tenía por qué disculparse. Me doy cuenta de que, por lo contrario, aquellas palabras que no están atravesadas por una linea en la mitad, representan los momentos en los que yo creí que ella no quería el mismo tipo de amor que yo, pero que en realidad son actos que hizo sin querer y por los cuales ahora pide disculpas.

Entiendo que está realmente confundida pero que interpreté su confusión de una forma equivocada el día que la vi llorar. Ahora sé que no sabe qué hacer con lo que quiere pero que realmente hay algo que quiere. Me doy cuenta de que dentro de todos esos momentos hay acciones que ha hecho porque lo ha deseado desde su corazón y otras que ha hecho bajo el efecto de un miedo poderoso. Me entristece saber que si se siente perdida es porque nunca antes ha experimentado el amor y cuando empieza a hacerlo el miedo toma las riendas. Quiere decirme que por mí ha empezado a tumbar un muro interno que llevaba instalado hace mucho tiempo, uno que antes permaneció intacto. Me dice que puede que sí y que puede que no, pero que quiere decidir por ella misma y por su propio entendimiento. No sé qué somos tampoco pero creo que empiezo a entenderla. Y quiero quererla sin importar lo que vayamos a ser.

D

Cerré mi diario y por más extraño que suene, sentí que veía la situación con claridad. Aunque pareciera un papel hecho para confundir, me había despejado. Entendí que M estaba pasando por un momento emocional bastante difícil. Me di cuenta que no todo se trata de mí. Solo con mirar ese papel lleno de necesidad y urgencia pero también de miedo y evitación me di cuenta de tenía una guerra interna, de amor versus miedo, que no sabía controlar. Entendí que así ambas emociones estuvieran peleándose por dentro suyo, ella tenía un favorito. Ella quería que el amor ganara, así el miedo no se lo permitiera. M le tenía miedo al amor. Lo había dicho antes en forma de juego pero en esa carta entendí la magnitud de sus palabras. Se trataba de algo muy profundo que ella no sabía cómo manejar. Me sentí mal de saber que en ese momento la causante de esa dolorosa guerra interna que tenía M por dentro era yo. Me sentí también agradecida de que por mí hubiera hecho tantas cosas que nunca había sido capaz de hacer por nadie más. Me sentí afortunada de haberla podido amar como nadie la había amado aún. Me sentí motivada a entregarle todo de mí para liberarla de esa prisión.

Si sí íbamos a estar juntas o no, había pasado de repente a un segundo plano. Lo importante era su bienestar y su libertad emocional. Quería que M tomara la decisión que quisiera, pero porque *quisiera*. No porque un miedo decidiera por ella. No me importó más el veredicto sino que su proceso de descubrimiento propio y amoroso fuera todo menos contradictorio y agotador.

La iba a querer sin importar cómo quisiera que nos quisiéramos.

Si al final no quería que nos amaramos románticamente, no me dolería tanto, porque al menos sabría que la decisión había estado en sus manos y no en algo que la apoderaba. Que la persona que más amaba fuera por fin libre de decidir sería la mejor recompensa.

Le escribí inmediatamente un mensaje de texto.

Podría disculparte por confundirme,
pero no tienes que disculparte cuando tú también lo estabas.
Discúlpame tú a mí por no saber antes.
En este momento necesito a mi mejor amiga.
Si de casualidad tú también
podemos invitarlas a que vuelvan a verse y se tomen un café.
Tengo una máquina nueva
D.

Me respondió diciendo que no podía creer que hubiera entendido su desentendimiento propio. Me dijo al final que le iba a decir a mi mejor amiga que fuera a probar la máquina entonces. Esa tarde entró por la puerta mi mejor amiga, la de siempre,

D

necesitando un abrazo que le sanara el alma, de esos mágicos.
Y esa tarde su mejor amiga fue la que abrió la puerta queriendo
sanarla sin importar las consecuencias. Nos sentamos en la cocina. M casi inmediatamente empezó a intentar describirme lo
que pasaba dentro de ella como si necesitara expulsarlo. Como
si no viera a su mejor amiga hace mucho y fuera la única persona en la tierra que pudiera ayudarle. Me llevó al inicio de
nuestra amistad cuando hacíamos lo mismo con otros tipos de
temores que sentía. Me sentí realmente bien de saber que yo
seguía siendo su mejor amiga, la de siempre, y que estaba dispuesta a hacer lo que fuera por ampararla. La carta que me
había dado seguía sobre la mesa y al verla la abrió con las manos.
Con desespero iba explicándome los sentimientos y emociones
que había sentido en cada uno de esos momentos. Eran todos
muy fuertes y podía sentirlos a medida que los describía. Mis
ojos se aguaron al escucharla y ponerme en su lugar. Qué cansada debía estar… Cuando terminó de leer la carta respiró
profundo. Dijo que era inútil intentar expresarse porque todo
lo que decía sonaba como un montón de cosas sin sentido. A lo
que yo le respondí que estaba equivocada, que nunca antes la
había entendido mejor. Me miró con ganas de llorar de la emoción y me preguntó repetitivamente si estaba segura de lo que
le estaba diciendo o si solo se lo decía para tranquilizarla. La
miré y le dije que no iba a descansar hasta lograr que ella pudiera actuar, hablar, y sentir en coherencia con lo que realmente deseara y no con lo que la controlara. Me miró y se quedó
con la boca abierta. Como si nunca antes hubiera podido verbalizar su problema. Le sonreí y empecé a sacar las cosas para

D

preparar el café en la nueva máquina. Me aseguré de poner la jarra de la leche en la mesa de primeras. Le había dejado un mensaje en el envase con marcador y esperaba que si el destino lo quería, ella se diera cuenta y lo leyera mientras sacaba el resto de cosas.

Antes te quise,
hoy te quiero,
y te seguiré queriendo.

No importaba si no lo veía porque ya se lo había hecho saber, pensé. Me devolví a la cocina por un par de tazas y cuando menos lo esperaba me abrazó fuertemente por la espalda llorando.

—Gracias —me dijo.

ser

Me da paz saber que me he equivocado. Me equivoqué cuando pensé que el segundo exacto en donde nos volviéramos a besar sería porque habría aceptado perder a mi mejor amiga. Me equivoqué al pensar que su amor era imposible por esa misma razón. Me equivoqué al pensar que lo que me pasa no tiene una explicación. Me equivoqué al pensar que D nunca entendería la descripción confusa de mis emociones. Me equivoqué al preocuparme de lo que yo tenía y no de lo que yo era.

Yo sé que D está enamorada de mí. Se enamoró hace un tiempo. No me lo ha dicho y no hace falta. No ha necesitado palabras para demostrármelo. No lo ha intentado si quiera y ya me lo ha explicado. Pero enamorarse y decidir amar, son dos cosas distintas. Y D, a través de las palabras que salieron de su boca y de las que me escribió ayer en la jarra de leche, me probó que decidió amarme. Cuando alguien decide amarte quiere lo mejor para ti, se preocupa por ti, haría lo que fuera por tu bienestar. D me demostró las tres, así sepa que eso puede significar la posibilidad de no tenerme. Con su voz me dijo que me iba a ayudar y que no iba a descansar hasta que pueda encontrar mi libertad emocional, al leer y descifrar mi confusión, me hizo saber que no importa lo que yo elija, siempre y cuando lo haya elegido porque realmente lo quise. Y con letras, me dijo que si me había querido antes cuando no había pasado nada (cuando solo fuimos), y me sigue queriendo con lo que ha pasado (cuando no sabemos qué somos), me va a querer sin importar pase (sin importar lo que seamos).

—Amor… —me dijo mi papá anoche después de decirle buenas noches.

—¿Si? —me detuve y me volteé a mirarlo antes de entrar a mi cuarto.

—"Florecer exige pasar por todas las estaciones" —me dijo.

Mi papá me desarmó al decir esas palabras y me quedaron tatuadas en el alma al escucharlas. He sido tan impaciente antes que ahora me siento tan agotada. Mi papá lo sabe y quiso recordarme que todo tiene su tiempo de crecimiento, de maduración, de oportunidad, de aprendizaje.

Anoche cerré mis ojos y me dormí de inmediato.

Mi mamá me estaba cepillando el pelo con una delicadeza inexplicable, como cuando era pequeñita y me alistaba para ir al jardín. Yo sabía que estaba sólo de visita, y miraba su cálido reflejo en el espejo sin querer parpadear para no perderla de vista ni un segundo.

—¿Por qué tengo tanto miedo siempre, mamá?

—Tener miedo no es lo que te define.
Si te concentras en lo que eres y no en lo que tienes nada podrá arrebatarte la tranquilidad.

—Ma, pero ¿y si soy incapaz de amar?

—No eres incapaz, tienes miedo de serlo y por eso te lo impi-
des. Creas un muro para no enfrentarte ni siquiera a la posi-
bilidad de no valer lo suficiente.
Y el muro se caerá por si solo cuando
entiendas que no está protegiéndote sino aislándote.
Tu poder de amar y de dejarte amar aumenta durante el pro-
ceso de expresarlo y recibirlo.
Me puso la mano en mi hombro y yo puse la mía encima de la
suya.
No quería que se fuera nunca más.

Recuerdo cada una de las palabras que me dijo mi mamá cuando me visitó en mis sueños anoche. Hoy me levanté cansada de vivir con dos fuerzas opuestas que se disputan dentro de mí. Una es mi ser queriendo expandirse, explorar, abrirse, compartir, aprender y ser. Y la otra es un freno que me impide salir de mi zona de comodidad porque me quiere hacer creer incapaz, y que lo que tengo lo puedo perder.

Hoy mirar el miedo a la cara me asustó menos que
la idea de sentirme impedida por el resto de mi vida.

¿Cómo podría ser mi vida si sencillamente
decido que no me voy a autosabotear
ni un minuto más?
Pensé.

Hoy estaba terminando de servirme el desayuno cuando decidí que ya era hora de amar y de hacerlo bien. El sol no se puede tapar con un solo dedo y la verdad es que amo a D.

La amo tanto que duele, pero lo que me duele más es la idea de no amarla.

Dejé mi plato con la comida calientita sobre la mesa y salí corriendo.

Un abrir y cerrar de ojos

El momento en el que recibí el mensaje de texto me estaba bañando. Tenía champú en todo el pelo cuando sonó una notificación. Saqué la mano de la ducha y agarré mi teléfono pero la humedad no permitía desbloquear la pantalla. Así que esperé a terminar de bañarme para revisar quién me había escrito. Cuando salí me hice un turbante con una toalla para seguir con mi rutina mientras se me secaba el cabello y agarré mi celular.

Ya sé.
M

M siendo M, otra vez. Pensé.

¿De qué hablas?
D

Le respondí y dejé el celular sobre la cama mientras me cepillaba los dientes.

Baja.
M

D

Corrí hacia la cama cuando sonó otra notificación y me quedé quieta con la boca llena de espuma intentando leer lo que decía la pantalla.

En minutos me puse la ropa que ya había seleccionado y tendido sobre mi cama. Una camisa blanca manga larga delgadita y encima un vestido blanco de tiritas de seda, metí los pies superficialmente en el par de tenis que había dejado tirados el día anterior, y salí de mi apartamento. Volví a entrar cuando me miré al espejo del ascensor y seguía con el turbante puesto. Me lo quité y volví a salir desenredándome el pelo con los dedos. No estaba alterada pero sí levemente confundida, M sonaba como si estuviera molesta conmigo. El ascensor llegó al primer piso y me bajé intentando terminar de meter bien mis pies en los tenis. Cuando llegué a la recepción no había nadie distinto al guardia que me saludó muy amablemente.

—¿Va a salir, señorita?

—Creí que alguien había llegado... —le dije confundida.

—De pronto está afuera —me dijo mientras le abría la puerta del edificio a otro inquilino que iba a entrar.

Seguí su consejo y aproveché para salir a revisar si M estaba sentada afuera. No veía a nadie. Me iba a devolver cuando lo que parecía ser un puesto de girasoles en la calle del frente llamó mi atención. Estaba segura que no lo había visto antes, y además, había casi treinta sin nadie supervisándolos. Miré a ambos lados de la calle para asegurarme de que no viniera ningún carro y decidí ir a mirar. Incluso pensé en confirmar cuánto costaban, subir por mi billetera y bajar por unos cuantos. Cuando crucé la calle frené en seco cuando me di cuenta que no era ningún puesto de girasoles y de que lo que tenían encima no era un aviso de precios.

PUEDO SER MUCHAS COSAS
PERO QUIERO SER TUYA.

No quería que se me rompiera el corazón en mil pedazos permitiendo ilusionarme así, entonces me giré hacia todos los lados esperando encontrar a alguna pareja besándose en alguna esquina.

"Por favor, que haya alguna pareja besándose en alguna esquina", pensaba mientras daba vueltas como loca.

Hasta que, efectivamente, me llamó la atención algo que vi en la esquina. Pero no era una pareja besándose.

Jeans de talle alto. Camiseta blanca vintage amarrada con un nudo dejando ver su área abdominal. Botas negras. Accesorios dorados. Pelo suelto. M venía caminando hacia mí y me transporté al pasado, cuando empezábamos a conocernos.

...

—*¿Cuál es tu color favorito?* —*me preguntaba mientras llevaba la taza con capuchino a su boca.*

—*¿En serio? Hace años no me hacen esa pregunta* —*le dije riendo,*

—*¿Cuál es?* — *me dijo realmente interesada.*

—*Me gustan muchos… no sé* —*dije dándome cuenta que era una pregunta que no me hacia a mí misma hace mucho.*

D

—El primero que se te ocurra —dijo como si me estuviera explorando y tomando otro sorbo de café.

—¿Amarillo? —le respondí con risa incrédula como si me fuera a intentar hacer un mal truco de magia.

—Optimismo, amabilidad, energía, espontaneidad, impulso, peligro —me dijo con las cejas fruncidas colocando la taza en la mesa.

—¿Peligro? —le pregunté.

—Sí —asintió seria—. Y te gustan mucho los girasoles.

Me dejé de reír cuando mencionó mi tipo de flor favorita en el mundo.

—Lo dices porque son amarillos— le dije seria también.

—No. Lo digo porque eres de las personas que le buscan el lado positivo a las cosas —tomó otro sorbo de café y completó—: ¿O me equivoco?

—¡Ya sé la respuesta! —gritó M desde donde estaba, devolviéndome a la realidad.

—¿A… qué? —le dije desorientada mientras la veía acercarse.

—A "¿qué somos?"

Empecé a negar con la cabeza insistentemente.

La confusión de M no se pudo haber quitado en un abrir y cerrar de ojos. Pensé.

—Somos… —dijo —Esa era la respuesta.

—M… —dije cuando ya la tenía al frente.

—Por estar pensando en lo que tengo y no quiero perder, no me estaba permitiendo simplemente ser.

—¿Y qué quieres ser? —le dije nerviosa.

—La persona que mejor te ame —dijo tan segura que se me aceleró el corazón—: si aún quieres, claro —terminó riendo.

—¿Es lo que realmente quieres?

—Sí —me dijo con firmeza.

Me quedé estática al sentir que estaba realmente segura.

—Te pregunto a ti ahora ¿qué somos? —dijo sonriendo—: ¿Novias?

D no respondió mi pregunta, pero ¿quién soy yo para desearlo después de que tuve un ataque de pánico cuando ella me lo preguntó primero? En cambio, me agarró del brazo y empezó a caminar con determinación hacia su portería. Por más que trataba, no podía dejar de mirar lo que traía puesto. Entramos al edificio y, sin soltarme, le dio las gracias al guardia. Subimos al ascensor y, aún sin soltarme, presionó el botón que marcaba el décimo piso, su piso. Salimos y abrió la puerta de su apartamento sin soltarme. Entramos, cerró la puerta de un golpe y entonces, solo entonces, me soltó. Sacó su celular y enseguida puso *Sleep on the Floor* de *The Lumineers*. Dejó su teléfono de vuelta en la mesa de la cocina y cuando estaba otra vez delante de mí, resuelta, puso ambas manos sobre mis hombros y empezó a dirigirme para que caminara hacia la dirección que ella quería. Su mirada era sentimental y mi corazón empezó a latir más fuerte. Entramos a su cuarto, yo caminando en reversa y ella guiándome de frente, cuando me presionó con cuidado los hombros hacia abajo para que me sentara en la cama. Le hice caso sin dudarlo. Me miraba con un amor infinito, y con suavidad acerqué su cuerpo al mío. Tenerla tan cerca con la luz del día parecía una experiencia casi utópica. Sus ojos tenían una luminosidad nueva y el sentimiento era desconocido. De solo mirarla me daban ganas de llorar. Rocé sutilmente sus piernas y se sentó en las mías. Llevé ambas manos a su cara y mientras una consentía su pelo, la otra rozaba sus labios.

—Te amo.

Intenté hablar, pero D no me dejó terminar, sus labios vacilantes tocaron los míos. Había en ellos una urgencia que combinaba con la mía. Enseguida le correspondí. Me besaba con dulzura hasta que deslizó su lengua sobre el labio inferior de mi boca. Me recosté hacia atrás. Se inclinó sobre mí, tragué saliva antes de que volviera a besarme, y cuando lo hizo fui yo quien profundizó el beso. Acomodó sus piernas invitándome a seguirlas y deslicé mis dedos con sutileza sobre sus rodillas. Apartó los mechones de su pelo aún húmedo que habían caído sobre mi rostro y susurró sobre mis labios cerrando los ojos:

—Te amo, te amo, te amo.

Mientras su cuerpo se acercaba lentamente al mío, mis manos se deslizaban para marcar un recorrido: su cuello, su espalda, su cintura. Mis manos se detuvieron al tocar el borde de su vestido. Su mano derecha se deslizó en subida por mi brazo ("Te deseo, te deseo, te deseo", pensé), mientras ella depositaba un beso en mi cuello. Quitó su boca dejándome antojada. Abrí mis ojos y encontré que los suyos examinaban con ganas mis manos en sus piernas. Se me cortó la respiración cuando, con la mano que tenía libre, D se empezó a subir con insoportable lentitud un costado del vestido. Se lanzó a mi boca exigente y su mano mientras tanto tomó la orilla de mi camiseta ("T-e d-e-s-e-o t-a-n-t-o", pensé). Aproveché el momento para volver a tomar su rostro y besarla por enésima vez. Intensifiqué el beso y, mientras lo hacía, ella llevaba sus manos hacia mi espalda. Besé su sonrisa de picardía al darse cuenta de que mi mano izquierda había subido por su pierna.

Nos derretimos.

Estoy segura de que en ese instante olvidé por completo la manera adecuada en que un ser humano logra respirar. Al día siguiente cuando iba a vestirme, D me había dejado esto en los *jeans*:

Tuya.

CUANDO NO PODÍAMOS SER

Las primeras semanas que vinieron después de ese día las consideré como una etapa de periodo de prueba. No para mí, pues yo tenía claro que ser su novia era lo mejor que me había pasado, sino por M. Y no porque ella pensara diferente a mí, sino porque me imaginaba lo difícil que debía ser controlar y separarse de una ansiedad que antes había estado tan establecida. No obstante, el tiempo empezó a desvanecer mi preocupación y a silenciar mis dudas. M podía no haber conocido el amor antes, pero conmigo parecía ser más experta que cualquier persona que haya pisado esta Tierra. Sus besos, sus palabras, sus caricias, sus demostraciones, todo lo que hacía con amor era perfectamente acertado.

—No te lo había dicho, pero a veces siento miedo al despertar —me dijo un día recostada en mi hombro.

Me puse nerviosa y le pregunté por qué con prevención.

—Porque a veces creo que esto es un sueño —me dijo.

Pasaban los días y me acuerdo pensar constantemente que lo que estábamos viviendo era mil veces más bonito que lo que tanto le había envidiado a las películas de amor. M era así: mejor que todo. Tierna y romántica, pero salvaje y apasionada. Con el tiempo, contra cualquier predicción, M amaba amarme. Volvimos a clases (ella a la universidad y yo a mis cursos) y empezó a ser normal que M se quedara algunos días de la semana a dormir conmigo en el apartamento. Mi cuarto prácticamente era ya el nuestro. Una mañana metimos tres cajas de pizza de distintos sabores y distintos restaurantes en la canasta de la bicicleta y fuimos al sitio en el que nos habíamos besado por primera vez; nos quedamos ahí todo el día: desayunamos, almorzamos y cenamos pizza, mientras hablábamos de todo y de nada. Otro día fuimos al cine antiguo en el que nos habíamos conocido y entramos a "ver" una película. No recuerdo cuál porque desde antes de que iniciara, M se robó mi atención con sus besos. Cuando la película iba por la mitad, me resbalé intencionalmente de la silla y me puse de cuclillas en el tapete rojo. Ella entendió de inmediato mi sugerencia y se deslizó hasta quedar sentada en el piso también. Nos quedamos ahí en medio de las sillas de terciopelo con el sonido de la película camuflándonos, mirándonos a los ojos, acariciándonos las mejillas, la nariz y el pelo. Otro día cumplí mi tarea inconclusa y la llevé a bailar. Estábamos rodeadas de un montón de desconocidos pero en nuestra realidad parecía que estuviéramos solas. Sentía una energía casi eléctrica cuando bailaba medianamente cerca de mí y jugamos toda la noche a que recién nos estábamos conociendo. Otro día llegué a mi apartamento y M me hizo sentar en una silla en el medio de mi cuarto. Lo había decorado completamente con luces coloridas de Navidad. Y entendí de lo que se trataba cuando se sentó encima de mis piernas y empezó a quitarse el saco lentamente. Otro día le dije que necesitaba que llegara lo más pronto posible a mi apartamento. Cuando llegó, yo tenía una maleta ya empacada y le pasé un sobre. Creo que pensó que le estaba terminando porque sus manos temblaron al recibirlo, hasta que leyó el contenido y se dio cuenta de que nos íbamos un fin de semana a Cartagena.

Poco a poco me empezó a pasar lo mismo que a ella: cada vez que llegaba un nuevo día tenía la sensación de no saber si estaba realmente despierta o si seguía soñando. Sería imposible mencionar todos los momentos fascinantes que vivimos juntas en esos meses en que nadie más sabía de lo nuestro, en que lo único que queríamos era saber cómo se sentía amarnos, en que éramos nuestro propio secreto. Un día mi hermana nos invitó a cenar a un restaurante de sushi. M me detuvo en la puerta de mi apartamento antes de salir y me dijo que si yo quería, y sentía en el corazón que era el momento adecuado, podía contarle. Me quedé en *shock* de saber que estaba lista para dar un paso tan grande como ese. Ya no sería nuestro secreto y sería el inicio de un proceso que íbamos a tener que enfrentar juntas. La besé con lágrimas en los ojos.

Cuando ya estábamos las tres cenando, no podía sacarme de la cabeza la propuesta de M. Sabrina estaba sonriendo con un comentario que había hecho M cuando decidí que era el momento perfecto.

—Hay algo que quiero contarte —le dije a mi hermana, ignorando por completo el tema del que estaban hablando.

—Cuéntame —respondió, mientras se llevaba un maki a la boca.

Miré a M al acordarme de que no era un asunto únicamente mío y también para confirmar si seguía pensando igual. Ella me respondió con una sonrisa cálida, dejándome saber que si era lo que yo quería, estaba bien.

—Ambas… te queríamos contar… —empecé a decirle nerviosa, pero me interrumpió.

—¡Por fin! ¡Pensé que no me iban a decir nunca! ¿Cuánto llevan juntas? —dijo Sabrina emocionada y dejando los palitos a un lado.

Me quedé en silencio y con la boca todavía en posición de hablar.

—¿Cuánto llevamos juntas? —le preguntó M casi susurrando, igual de confundida y sorprendida que yo.

—¡Sí! De novias, ¿hace cuánto? —preguntó sosteniéndonos una mano a cada una.

Las tres sonreímos. M y yo al saber que mi hermana ya sabía, y mi hermana al saber que íbamos a contarle. Hablamos por horas y, al final, Sabrina me dijo que ya era hora de que alguien sí supiera amarme como me lo merecía.

Después de ese día nos quedó la intriga de qué pasaría cuando le dijéramos al resto de nuestras familias. Habíamos estado tan concentradas únicamente en amarnos que no lo habíamos pensado. No sabíamos lo que iba a pasar, pero sí sabíamos que nunca habíamos experimentado esa sensación de libertad que sentimos al verbalizar lo que habíamos estado viviendo tanto tiempo. Ahora íbamos a querer vivir dentro de esa libertad, y eso se traducía a que íbamos a tener que contarles a nuestras familias primero. Al inicio solo tocábamos el tema, y después lo estábamos considerando de verdad. Un día me desperté y M me había escrito un mensaje.

Siento que es hora de tomar lo que es nuestro.
Seamos como cualquier otra pareja,
incluso frente a quienes amamos.
M

Le respondí.

Si sientes que es hora es porque lo es.
Ya hemos pasado por demasiadas cosas como para no hacerlo bien.
Quédate hoy aquí y definimos lo que queremos hacer.
D

D

Todo va a estar bien

Todavía no puedo creer lo que pasó hace unas horas con Samuel. Hoy es un día importante para nosotras y no quiero que nada lo arruine. Desde que le contamos a Sabrina que estamos juntas, hemos estado considerando la idea de contarle también al resto de nuestras familias. Ayer M sintió en su corazón que no había por qué esperar más y, aunque me da miedo, estoy de acuerdo. Anoche vino para quedarse a dormir conmigo aprovechando que hoy es sábado y no tiene universidad. Mientras le calentaba algo de comer, me dijo que prefería hacerlo lo más rápido posible, porque así no tendría tiempo de asustarse buscando las palabras o el mejor escenario para hacerlo. Me dijo que quería hacerlo hoy mismo y su argumento me pareció correcto. Quedamos en que hoy ella iría a almorzar con su papá y Alana para contarles, y que mi turno sería en la noche, en la cena en casa de mis papás.

Anoche nos dormimos abrazadas sabiendo que, aunque los papás están diseñados para amar a sus hijos, no se sabe lo que pueda pasar al contarles la verdad de nuestra relación a los nuestros. Ojalá este mundo no funcionara así. Ojalá no fuera necesario dar explicaciones de nada a nadie cuando del corazón se trata. Ojalá no tuviéramos que apretarnos con fuerza y lágri-

mas en los ojos con temor de que la felicidad completa no exista. Ojalá que nadie tuviera que sentir miedo de que las personas
a su alrededor cambien al contarles a quién aman. Ojalá que el
amor no se tuviera que explicar y, sobretodo, ojalá dejara de ser
algo que solo debemos explicar algunos.

Hoy nos despertamos abrazadas sabiendo que pase lo que
pase nuestro amor es la fuerza más grande que hemos conocido, y que no importan los posibles obstáculos que puedan
intentar debilitarlo. Le besé la frente y me dijo sonriente: "Nada
nos detiene". M entró a a la ducha para alistarse para su almuerzo y mientras tanto me quedé un rato haciendo pereza
en las cobijas. Estaba con los ojos cerrados pensando en las
palabras que usaría esa noche para contarles a mis papás cuando sonó un timbre. Seguí concentrada en mi pensamiento,
pero volvió a sonar y me di cuenta de que era el timbre de mi
apartamento. Supuse que se trataba de un error. Salí de mi
cuarto y atravesé toda la sala hasta llegar a la puerta principal
(nota: mi puerta no tiene visor, así que la única opción era abrir
y hacerle saber a la persona que estaba timbrando en el número de apartamento equivocado). Abrí la puerta casi escondiéndome detrás de ella para que la persona no pudiera ver
que estaba casi sin ropa. Tenía puesta una camiseta blanca
(casi transparente) y calzones.

—Hola. —Escuché su voz.

—¡¿Samuel?! —pregunté, sin poder creer lo que estaba viendo, y escondiéndome aún más detrás de la puerta.

—Qué lindo es verte —me dijo en un tono sereno.

—¿Qué haces acá? —le pregunté confundida.

—Tranquila… Quería traerte esto en persona —dijo, levantando una caja grande de cartón del piso—. Está llena de cosas tuyas que aún tenía.

—¿Cómo sabías dónde vivo?

—Seguimos teniendo amigos en común…

Intenté agacharme para alcanzar la caja sin tener que abrir mucho la puerta, pero fue imposible.

—Está pesada, yo te ayudo —me dijo, mientras la recostaba sobre su pierna esperando que yo le dijera algo.

—Yo puedo, gracias —dije, estirando solo los brazos. Pero ahí mismo noté que era inútil porque definitivamente estaba muy lejos de la caja y para alcanzarla tenía que salir. Y no quería hacerlo vestida así, mucho menos al frente de él.

—Yo sé que puedes, perdón si sonó así… Quiero ser útil por lo menos por una vez —dijo con una amabilidad que me sorprendió.

Cerré los ojos pensando que era una mala idea, pero abrí la puerta, conmigo aún detrás, y lo dejé entrar. Me sonrió.

—¡Wow! Felicitaciones. Te merecías un lugar así —exclamó.

—Gracias —dije, mientras agarraba un cojín de mi sofá y me cubría, por lo menos, el área del pecho.

Se volteó al escuchar el sonido que hice y tragó saliva al mirarme.

—Qué linda estás… —me dijo casi susurrando y quitó la mirada al darse cuenta de que no iba a responderle nada.

Empezó a inspeccionar con los ojos el lugar y rápidamente descifró cuál era mi cuarto. Mi plan era que dejara la caja justo al cruzar la puerta de la entrada, pero se dirigió, sin mi invitación, hacia la habitación con la caja en los brazos. Me temblaron las manos de solo imaginarme a M saliendo de la ducha justo en ese momento y lo perseguí casi corriendo para decirle que la dejara ahí, donde fuera. Pero no alcancé a hablarle cuando M gritó desde el baño con el agua aún corriendo.

—¿D? ¿El timbre que sonó fue acá?

Cerré los ojos. Samuel no olvida una voz jamás.

Volteó a verme de inmediato al reconocer la voz.

—¡Sí! Ahorita te explico —grité, intentando disimular mientras Samuel me miraba, ahora sí completamente de frente, y repasaba mis piernas. Moví el cojín hacia abajo, hacia arriba, hacia todos los lados, intentando que no me viera nada.

—¿Esa es la barista? —susurró confundido.

—Se llama M —le dije.

Pasara lo que pasara, no la iba a negar.

—¡D! ¿Me pasas mi ropa interior? —volvió a gritar M y sentí que se me paró el corazón.

Esto no podía estar pasando. ¿Su ropa interior? Dios mío. Samuel se quedó observándome inmóvil con la caja aún en sus brazos. Ya sabía que "la barista" por la cual habíamos peleado alguna vez me estaba pidiendo su ropa interior, y estaba en mi ducha.

—¡¿D?! —volvió a gritar M pensando que no la había escuchado.

—¡Ya voy! —respondí intentando solucionar rápido la situación.

Empecé a buscar con la mirada el morral de M en donde estaba su ropa interior con nerviosismo. Estaba justo detrás de mí, al fondo del cuarto. No podía creer que para alcanzarlo, tendría que darle la espalda a Samuel. Estoy segura de que en ese momento se dio cuenta de que estaba en calzones.

—Gracias. ¿La puedes dejar ahí por favor? —dije, aún dándole la espalda y rogando que me hiciera caso rápido y se fuera.

Estaba en cuclillas esculcando torpemente el morral de M cuando encontré por fin su ropa interior. Me volteé para ver si Samuel ya estaba yéndose y para asegurarme de que no hubiera visto el brasier rojo que había sacado. (Me lo había metido debajo de la blusa). Samuel se levantó con rapidez y un poco de nerviosismo. Seguramente alcanzó a ver lo que torpemente había escondido.

—Ya me voy. Creo que llegué en un mal momento —me dijo serio pero considerado.

—Gracias por mis cosas —le dije y lo seguí hasta que cruzó el umbral.

Me recosté en la puerta, aliviada de que esa pesadilla hubiera terminado.

Cuando M salió me preguntó si había pedido algo de comer, pensando que el timbre había sido un domicilio. Le conté que había sido Samuel, que me había llevado una caja llena de cosas mías que él tenía, y que lo había dejado pasar para intentar que no viera cómo estaba vestida. Le conté la conversación que habíamos tenido (incluyendo el momento en el que me dijo que estaba linda) y, cuando ya iba a contarle que había entrado hasta la que es prácticamente nuestra habitación, me miró seria y me dijo:

—¿El portero te llamó antes? ¿Para autorizarlo?

—No… —dije cayendo en cuenta de lo descuidado que había sido.

—Ahora que baje le pido el favor que eso no vuelva a pasar —dijo con determinación.

Sonreí porque me sentí segura.

—No me gusta esa visita… Estoy segura de que vino con la intención de recuperarte.

Y entonces me callé y lo pensé por un minuto.

¿Será que la caja era simplemente una excusa?

—Creo que igual escuchó cuando hablaste en la ducha… —le dije intentando pensar que era algo bueno.

—¿Qué? —me dijo sonrojada—. ¿Escuchó cuando te pedí mi ropa interior?

—Sí… —le dije.

Y contrario a lo que esperaba, se echó a reír.

—Gracias por haberlo dejado entrar entonces. Hubiera pagado por ver su cara al oírme.

Me reí. Tenía razón. La había tratado tan mal cuando lo atendió en el café, que seguramente escuchar a esa misma persona duchándose en mi casa y pidiéndome su ropa interior sería el mejor karma.

Pero bueno, eso fue hace unas horas y menos mal ya pasó. Desayunamos, se terminó de arreglar y alcanzamos, incluso, a ver un capítulo de una serie juntas. Hace quince minutos M tenía el corazón a mil antes de salir del apartamento hacia al almuerzo con su papá y Alana. La besé con ternura, le recordé

D

que es imposible no amarla y que todo va a estar bien. Sin embargo, desde que se fue tengo un sentimiento extraño.

Espero que la angustia que sentí esta mañana temprano no sea un mal presagio.

Antes de salir del apartamento al almuerzo que tenía con mi papá y mi hermana, pensaba que la taquicardia que tenía no era normal, hasta que D me tranquilizó. Me protegí con sus palabras, le di un último beso antes de tomar una chaqueta y salí. Llegué más rápido de lo esperado a mi casa, pero me demoré un buen rato en tomar impulso para subir. Cuando mi papá me abrió la puerta estaba contento, tenía su delantal de cocina puesto y un cucharón en una mano. Ya había empezado a servir la sopa de letras en los platos. Entré y lo abracé muy fuerte. Alana salió corriendo de su cuarto. Nos sentamos a la mesa y no pude esperar para decirles.

—Les quería hablar de algo… —dije, sin saber qué hacer con mis manos. Las ponía sobre la mesa, las bajaba, agarraba la servilleta, la soltaba.

—¿Sí, amor? —dijo mi papá mientras se acomodaba en la silla.

—No sé cómo empezar…

—Tranquila… —dijo él mirando mi mano que estaba apretando levemente—. ¿Qué pasa?

Me tomó unos segundos llenarme de valor.

—Me enamoré… —dije y crucé los brazos sobre la mesa. Volví a quedarme en silencio.

M

Alana sonrió y puso su mano sobre la mía al darse cuenta de que lo que quería decir no era fácil.

—Si es algo relacionado con el amor, no tengas miedo entonces... —dijo mi papá con suavidad.

—Me enamoré de mi mejor amiga —dije, mirando a mi papá a los ojos y pasando saliva.

Su mirada no cambió y sentí que Alana recostaba su cabeza en mi hombro.

—¿Y quieres decírselo? —susurró papá y me quedé perdida en sus palabras—. ¿Tienes miedo de que no te corresponda?

No podía creer que esa fuera su preocupación. Lo miré con los ojos llorosos.

—Ella... también me ama... Estamos juntas —le dije.

Tenía temor de que su reacción cambiara al saberlo, pero sonrió y puso su mano sobre la mía y la de Alana.

—Entonces... todo está bien —dijo.

Sonreí mientras se me escapaban unas lágrimas.

—¿D es tu novia? —preguntó Alana mirándome sin quitar la cabeza de mi hombro.

—Sí —le dije asintiendo y sonrió.

—¿Y por qué lloras? —dijo Alana.

—Porque no quería que me vieran diferente.

—Te ves diferente desde hace un tiempo, pero porque volviste a estar feliz. Estás siendo tú misma y tienes el resto de tu vida para serlo —dijo papá.

Tomó aire y completó.

—Lo único que me asusta es que les hagan daño.

—Te amo, papá —le dije conmovida.

Se me escurrían las lágrimas por las mejillas y papá se levantó de su silla para abrazarme. Les di las gracias muchas veces hasta que Alana dijo que era hora de ponernos felices y de comer porque nuestras sopas ya debían estar frías. Tenía razón. Nos reímos y empezamos a comer.

Antes de irme, mi papá volvió a tocar el tema para pedirme que le recordara a D el aprecio que le tenían Alana y él. Salí de la casa y cuando estaba bajando las escaleras para irme a reencontrar con D, me llamó al celular. Debía estarme marcando para saber cómo había salido todo y yo no veía la hora de contarle. Estaba bajando las escaleras casi brincando y contesté feliz, pero al escuchar su voz, se me hizo un nudo en el estómago casi doloroso que me obligó a detenerme. D estaba llorando descontrolada y no podía entender lo que me estaba diciendo. Mencionó entre balbuceos a sus papás y yo no sabía si algo les había ocurrido o si se refería al lugar en donde ella estaba. Me pegué el celular al oído lo que más pude. Sabía que algo estaba muy mal pero no entendía qué. El corazón se me aceleró a tal punto que me temblaron las piernas. Le dije que por favor respirara, que me esperara, que ya estaba yendo, que todo iba a estar bien, pero cuando me di cuenta estaba hablando sola.

D me había colgado.

D

M salió del apartamento, saqué mi diario, escribí, lo guardé. Después fui hacia mi estudio para distraer de alguna forma los nervios que tenía. Contarles a nuestras familias podía resultar bien o mal y, aunque ese resultado claramente me asustaba, también temía lo que fuera a pasar con nosotras al dar ese paso de amarnos no solo en la privacidad. Porque lamentablemente, a veces, cuando dos personas del mismo sexo se aman, hay ciertas cosas que tienden a normalizarse. Esconder a la persona que amas, evitar los gestos o palabras que puedan siquiera evidenciar rastro de amor en su presencia, demostrar lo que sientes solo cuando no estás siendo visto, o silenciar los sentimientos naturales cuando te preguntan por esa persona, o cuando la mencionas por iniciativa propia. Esconder el amor buscando protección es lo más triste del mundo y, sin embargo, salir de ahí parece a veces escalofriante.

Empecé a imaginar que estaba caminando con M.
Que íbamos tomadas de la mano en algún lugar. Y que cada vez que
yo quería, el lugar cambiaba. Pero fuera cual fuera el paisaje alrededor
que me antojara atribuirle al pensamiento, seguíamos intactas,
M y yo, caminando tomadas de la mano.

En ese instante sonó mi teléfono y vi que tenía un mensaje de mi mamá.

Ven a la casa.

Tuve un mal presentimiento y sin siquiera responderle salí lo más rápido posible. Tenía mucho miedo de que algo le hubiera pasado a papá o a Sabrina, y que mi mamá no hubiera sido capaz de escribirlo. Cuando llegué a la recepción del edificio me di cuenta de que Antonio estaba afuera esperándome. Le pregunté qué estaba pasando y me dijo que no sabía, pero que teníamos que irnos rápido. En el recorrido lo bombardeé con preguntas pero me dijo que solo había recibido un mensaje de mi papá pidiéndole que me recogiera. Cuando llegamos bajé a toda velocidad y pensé en timbrar, pero preferí buscar en mi cartera la llave. No iba a esperar ni un minuto. Me urgía entrar lo más rápido posible y entender a qué se debía mi presentimiento y el mensaje de texto. Metí la llave, la giré, agarré la manija y entré. Antonio no entró. No vi señales de que estuviera pasando algún percance, no veía ninguna peculiaridad, no había un solo ruido. La casa, al contrario, estaba vacía aparentemente y el silencio era casi ensordecedor. Me calmé de inmediato. Pensé que mi intuición me había traicionado y que el mensaje de texto había sido malinterpretado. Cerré la puerta a mis espaldas y respiré.

—Ven —dijo mi mamá, pero no podía reconocer de dónde provenía su voz.

—¿Ma? —dije, con un poco de preocupación, hasta que supuse que estaría en la sala.

Caminé sigilosamente con desasosiego hasta bajar el escalón que conducía a la sala. Cuando llegué, me encontré con que mamá y papá estaban sentados en el sofá en completo silencio. Disminuí la velocidad de mis pasos.

—Siéntate. Rápido —dijo mi papá casi sin abrir la boca.

—¿Qué pasa? —pregunté en voz baja mientras me sentaba ya atemorizada.

—Dime tú. ¿Qué te está pasando? —me dijo mi mamá.

—No entiendo…. —respondí.

—A ver si así entiendes mejor… —dijo mi mamá.

La miré y vi que estaba metiendo su mano al bolsillo para mostrarme algo. Miré a mi papá, que se había llevado una mano a la cabeza del estrés. La confusión me iba a enloquecer.

—¿Entend…? —empecé a preguntar, pero se me fue la voz al reconocer perfectamente lo que mi mamá me estaba enseñando con su mano derecha.

Viajé al pasado en una milésima de segundo.

El día después de que M me pidió que fuéramos novias
le dejé un mensaje en sus jeans diciéndole que yo también era suya.
Esa fue mi forma de responderle.
Yo estaba en mi estudio tomándole unas fotos instantáneas
a unos diseños que había hecho, cuando M entró y me besó,
dejándome entender que lo había visto.

Entre beso y beso levanté mi mano
y tomé una foto para congelar ese momento.
M sonrió y dijo:
"Nuestro secreto".

Cuando algo malo me pasa, hay un aura de irrealidad que casi siempre lo acompaña. Es como si el tiempo se derritiera o se acelerara a su antojo. Las cosas parecen eternas o extremadamente veloces. Mis sentidos se confunden y entro en un leve estado de ofuscación, como cuando se pierde la claridad en la visión por culpa de un resplandor o de una luz muy intensa.

Eso fue lo que me pasó al ver "nuestro secreto", literalmente, en las manos de mi mamá. Podía ver que mis papás me hablaban, pero dejé de escuchar lo que me decían. Mi mente se quedó en blanco y sus voces de repente parecían estar en cámara rápida. Después de nadar en la nada me acordé de M y volví a la realidad.

—Esta noche iba a contarles —dije con la voz entrecortada sabiendo que sonaba a excusa aunque fuera la verdad.

—¿A contarnos? —preguntó mi papá pausadamente con cara de preocupación.

—Que la amo... que somos novias —dije, sintiendo que se me quebraba la voz.

Mi mamá me miró con los ojos llorosos, como si hubiera dicho una atrocidad. Mi papá se quedó callado y me quitó la mirada. Cuando lo dije me sentí triste, terriblemente triste. Triste de que *algo* me hubiera arrebatado la posibilidad de decirles en la forma y en el momento que yo quería. Pero decirlo en voz alta también me dio una sensación de liberación que me reconfortó.

—No —dijo mi mamá mirando al suelo y negando con la cabeza.

Sentí cómo las ganas de llorar iban subiendo por mi nariz.

—Qué engaño… —dijo mi mamá con un tono de decepción que nunca le había escuchado antes y se llevó una mano a la boca. Al final me miró con los ojos llenos de lágrimas.

—Eso no es justo, mamá… —dije, intentando articular algo con sentido y sobrepasar las ganas de llorar o perder el control.

—¿Perdón? —dijo—. ¿Qué es lo que no es justo para ti? Porque lo que no es justo es que hayas sido tan descarada de engañarnos en nuestra propia cara y en nuestra propia casa.

—No los…—intenté hablar pero me interrumpió.

—¿Eso es lo que te hemos enseñado? ¿A mentir? —agregó casi susurrando.

—Mamá… Escúchame… —dije, intentando controlar la respiración—. Esta noche les iba a contar todo… quería que fuera especial… ambas lo habíamos planeado —le imploré mientras sentía las lágrimas corriendo por mis mejillas al hablar. Con frustración las iba quitando de mi rostro.

—¿Ambas? —me dijo mi mamá con sarcasmo mientras levantaba la foto otra vez—. Si eso fuera verdad… M… o como se llame, se te adelantó.

La miré desconcertada sin poder siquiera enfocarla por mis lágrimas, que ya inundaban mis ojos.

¿Qué quiere decir con que se me adelantó?

—Tú nunca mientes… ¿Qué cambió? —dijo mi papá, con la mirada fija en el piso—. Y tú nunca estarías con alguien así…

Con cada palabra se me rompía más el corazón.

¿Así? Yo soy "así".

—¿Así cómo, pa? —le dije destruida pero ofendida mientras me limpiaba las lágrimas con más fuerza—. ¿Gay?

Mi mamá se quedó callada.

—Porque yo también soy "así" —agregué.

—No —dijo tranquilo—. Alguien así, que haga lo que hizo ella —agregó.

—¿Qué hizo?… Si el problema no es que sea una mujer, ¿entonces cuál es? ¡Es M! —exclamé llorando—. Ustedes la conocen, ustedes la quieren… —Estallé en una rabieta incontrolada y sentí que al final me quedaba sin respiración durante unos segundos.

—¿Quién tenía esta foto? —me preguntó mi papá con una calma impresionante y a la vez dolorosa.

—Nosotras… —musité sin entender aún la pregunta.

—¿Entonces cómo es que yo la tengo en mi mano? —dijo mi mamá en voz baja.

No supe qué responder.

¿Cómo tenían la foto?

D

Estaba tan llevada por lo doloroso del momento que no me había detenido a pensarlo.

¿Están insinuando que ella les dio la foto?

Empecé a hiperventilar.

M nunca haría algo así.

—M... tu amiga... tu... —dijo mi mamá y respiró hondo antes de poder completar— ... tu lo que sea... no la quiero volver a ver... —concluyó agotada.

—Mamá... —le dije llorando.

—Lo mejor es que guardemos distancia nosotros también... —agregó entre sollozos y se paró de la silla.

Me ataqué a llorar cuando vi que se había ido de la sala.

—Debiste habernos dicho —me dijo mi papá con la voz entrecortada, y también se fue.

Creía que me iba a ahogar ahí, en mis propias lágrimas, sin nadie que me salvara. No podía controlarme y me asustó el ritmo al que iba mi corazón. Caminé hacia lo que alguna vez fue mi cuarto. La casa entera parecía un espacio completamente desconocido después de lo que acababa de pasar, pero sabía que si salía a la calle en ese estado no iba a poder funcionar. Cerré la puerta de esa habitación en donde alguna vez me sentí protegida y, con dificultad, agarré con mis manos temblorosas mi celular y llamé a M.

—¿Hola? —contestó en un tono evidentemente alegre.

—M… M… —intenté hablarle pero el ahogo no me lo permitía—. M…

— D… —respondió ella con angustia—. ¡¿Qué pasa?! ¡¿Por qué estás llorando?!

—Mis… papás —balbuceé.

—¿Tus papás? ¿Les pasó algo? ¿Estás con ellos? ¿D?

—Tú… tú… tú… no fuiste… —le dije con la voz cansada.

—¡¿Qué pasa?! ¿De qué hablas? ¡D!… Dime algo —dijo desesperada.

—Tú no me harías esto… —musité con un nudo en la garganta.

—¡D! Ya voy para allá, respira, por favor.

Un pensamiento nubló mi mente por completo y dejé de escuchar lo que me decía. Mi cuerpo se negaba a regular la respiración, al contrario, cada vez iba empeorando.

La foto la tenía ella.
La tenía ella.
Ella no haría esto.
Ella no.
Ella.
Ella no fue.
Fueron sus antiguas y poderosas ganas de autosabotearse.

Pensé y colgué el teléfono en el instante en que sentí que se me rompía algo por dentro. Aún seguía mareada y llorando cuando salí del cuarto y corrí hasta salir de la casa. Antonio se

D

preocupó mucho al ver mi estado y aunque estaba empeñado en llevarme de regreso, no le hice caso. Seguí caminando por el andén hasta que vi un taxi y me subí.

M me empezó a llamar, muchas veces, hasta que apagué mi celular.

La vida me pone y me quita

Me duele mucho la cabeza y no puedo respirar bien. Está sonando *All I Want* de Kodaline y definitivamente no me está ayudando.

Sentí que era el mejor día de mi vida cuando vi la reacción de papá y Alana. No sé por qué dejó de serlo y se convirtió en lo que es ahora. Quiero pensar que me dormí después del almuerzo y que lo que pasó después fue solo una pesadilla.

> *Pero no importa lo que yo quiera.*
> *La vida me pone y me quita.*
> *Ya debería estar acostumbrada.*

No paraba de hacerle preguntas.

"¿D?", "¿Aló?", "Dime algo", "¿D?"…

Hasta que me di cuenta de que estaba hablando sola, me había colgado. No sabía qué era lo que estaba pasando, pero la escuché muy mal, tan mal que el corazón me dolía y solo quería buscarla lo más pronto posible para reconfortarla. Bajé el resto de escaleras que me quedaban corriendo y apenas llegué al primer piso le devolví la llamada.

Una, dos, tres, cuatro, cinco, seis, siete veces. D no contestaba. D ni siquiera estaba recibiendo mis llamadas.

El mal presentimiento se intensificó y empecé a llorar sin saber con qué situación iba a enfrentarme. No pasaba ni un solo taxi y estaba desesperada intentando llamarla. Después de unos minutos se detuvo uno para dejar a alguien y le pedí que por favor me llevara. Me monté pero no sabía para dónde ir y el señor del taxi me empezó a presionar. Me dejé llevar por mi instinto y le di la dirección de la casa de los papás de D. Todo el camino me fui con las piernas hechas temblor. Llegué y, sin importar, le pagué al taxista mucho más de lo que correspondía y me bajé. La puerta de la casa estaba entreabierta. Antonio estaba recostado en la camioneta hablando con Manolo y ambos se veían preocupados. Cuando el papá de D me vio, su mirada cambió. Corrí hacia ellos preguntando qué era lo que estaba pasando, quería saber si sabían algo de D o si la habían visto, porque yo no entendía nada. El papá me dijo con tranquilidad que no era un buen momento. Le dije que por favor me explicara, que solo quería saber si D estaba bien. Mi voz llorosa debió ser también ruidosa porque la puerta se terminó de desparramar de un golpe cuando vi salir a Paloma molesta.

—Te voy a pedir que por favor te vayas —me dijo.

Se me cortó la respiración cuando escuché el tono en el que estaba hablando.

Con el tiempo, Paloma se ha vuelto muy importante para mí. He compartido mucho con ella y cada vez me acuerda más a mi mamá. Me guía, me aconseja, me escucha. Y todavía no puedo concebir la idea de que tal vez hoy eso también haya llegado a su fin.

—¿Paloma? —La miré, confundida, con lágrimas en los ojos.

No me miraba.

—… ¿D está bien? —le dije.

—Ella se fue. Y, por favor, vete tú también —dijo apuntando con el dedo hacia la calle.

Me volteé a ver a Manolo para intentar encontrar pistas pero simplemente descubrí una mirada triste entrando a la casa. Antonio lo siguió.

—¿Qué pasa? —repetí llorando.

—Que ya hiciste suficiente por hoy. —Se volteó Paloma y lanzó la puerta al entrar.

Quedé desorientada. Me sentí mareada y desde entonces la cabeza me duele mucho. Cuando pude, me subí al primer taxi que pasó. Entré a la portería de D y cuando iba caminando hacia el ascensor, el portero se paró al frente mío diciéndome que no podía seguir. Pensé que no me había reconocido por lo que tenía los ojos tan inflamados.

—Carlos… soy yo —le dije.

Pero me respondió algo que todavía no termino de entender. Me dijo que "la señorita" le había dado la orden de no dejar subir a nadie. A nadie. Cuando prácticamente la única que va a diario soy yo.

D no quería que yo subiera.

Me quedé en la portería diciéndole que debía ser un error, que la llamara al citófono, que por favor, que algo había pasado, que confirmara, que no podía ser. El portero me vio tan desesperada y perdida que siguió mis instrucciones y le marcó dudoso. Se me iluminaron los ojos cuando el portero saludó: "Señorita, aquí está la niña". Sonreí entre lágrimas sabiendo que D estaba ahí, que iba a decir que subiera y que tan pronto me abrazara esta pesadilla sin sentido iba a terminar. Sin embargo, el portero me miró mientras escuchaba atento, y al final dijo: "Yo le digo" y colgó.

Lo miré esperando que me dejara seguir.

—Dice que lo siente, pero que no puede pasar —me dijo negando con la cabeza.

Mi papá me hizo el favor de recogerme después de que le rogué al portero, durante casi una hora y sin éxito, que la volviera a llamar pero que esta vez me dejara hablarle. Al final solo conseguí convencerlo de subir esporádicamente para asegurarse de que todo estuviera bien. Y en caso de cualquier emergencia, le dejé mi número.

No entiendo qué fue lo que pasó cuando salí hoy por la puerta de su apartamento para, horas después, tener prohibida la entrada. Tengo en este momento el corazón roto en mil pedazos después de que pensé que se me iba a explotar de la felicidad en el almuerzo. La vida me pone y me quita. No sé qué es lo que creen que hice, pero sé que si pudiera hablar con ella volvería a creer en mí. D nunca había evitado hablarme, o verme, y la sola idea no tiene sentido para mí. Llegué hace un rato a mi casa y aunque ni Alana ni mi papá quisieron preguntarme, les conté. Los tres seguimos sin entender y D sigue sin responder el celular.

Un derrumbe es un fenómeno de la naturaleza en el que un material de tierra se desplaza, se vuelca, se desliza, se riega o se viene abajo, con poco o sin aviso, a gran velocidad, cuando la pendiente ya no puede retenerlo.

Ese fue el día más doloroso de toda nuestra historia.
Se sintió como un derrumbe imposible de contener.

Saber que mi intención nunca fue engañar a las personas que amo, sino que, al contrario, mi plan era incluirlos en esa parte de mi vida… y saber que iba a hacerlo esa misma noche por decisión, convicción y ganas… y la impotencia de no tener pruebas ni evidencia para comprobarlo, me generó un dolor tan profundo que me succionó por completo.

Nunca antes había experimentado un bloqueo mental y emocional como el que me nubló ese día. Una especie de mecanismo de defensa ante los pensamientos y sentimientos que me inundaron se puso en marcha. Me sentía atrapada y no podía coordinar ni mis ideas, ni mis sentimientos. Actuaba por inercia. La reacción de mis papás me dejó desorbitada y cuando llamé a M, lo que parecía ser obvio, que ella no habría sido quien hubiera revelado "nuestro secreto", dejó de ser inobjetable y empezó a transformarse en una pregunta.

D

Llegué a mi apartamento aún sin poder pensar con claridad. Me recosté en mi cama y me metí en las cobijas con todo y zapatos. Puse música para intentar disminuir mi nivel de estrés y pensé que si dormía, podría silenciar las preguntas que me atormentaban. No sé cuánto tiempo pasó cuando me despertó el citófono. Contesté desde el que queda al lado de mi mesa de noche. Era el portero avisándome que M estaba abajo. Y aunque no suele llamarme, lo hacía esa vez porque le había pedido no dejar subir a nadie sin mi autorización. Por un momento olvidé todo lo que había pasado y cuando le iba a decir que la autorizara, me acordé de mis papás, de los gritos, de mi respiración, de la foto, de la llamada, y le dije al portero, entre lágrimas, que le dijera a M que lo sentía pero que no.

M tomó la decisión de amarme y de dejarme amarla aun siendo consciente de que corría el riesgo de que el miedo volviera para hacerle una mala pasada. Yo sabía perfectamente que ella estaba segura de lo que quería y de que eso era estar conmigo... acepté porque no había algo que yo quisiera con más fuerzas que hacerla feliz. Y aunque hasta ese momento todo parecía un sueño, eso fue precisamente lo que me alarmó en mitad de mi crisis emocional... que todo parecía un sueño. Ese día me obsesioné con la idea de que la vida no es así, y volvieron a mi mente todos los momentos que pasamos en que M por más que quisiera algo, actuaba de formas contradictorias para evitarlo. Nunca antes la culpé porque sé muy bien que era una fuerza incontrolable que actuaba sin ella desearlo. Pero ese día, con el corazón desintegrado, me pareció tan claro como el agua que lo que estaba pasando era obra de ese álter ego de la persona que amaba y que tenía miedo de amar. Pensé que había sido un acto de autosabotaje. Nunca me imaginé que lo hubiera hecho para hacerme daño (M no era, es, ni será así) pero sí que había sido un mecanismo de defensa proporcionado por su fobia al amor para ponernos una prueba.

Colgué el citófono convencida de que había tomado la decisión correcta, al menos por ese día, y me devolví a mi cuarto. Empezó a sonar *The Night We Met* de Lord Huron cuando volví a meterme entre las cobijas, pero esta vez con el diario en mis manos y con lágrimas, que eran imposibles de controlar, corriendo por mi rostro.

Antes de escribir tuve un recuerdo.

El día que M me contó que cuando chiquita su película favorita era Peter Pan.

—A mí me daban ganas de llorar... —le dije, mientras revisábamos sus DVD en su cuarto.

—¿Peter Pan? ¿Por qué? —me dijo confundida.

—Es una tontería... —le dije al ver que al parecer le importaba mucho—. Olvídalo. Y le pasé The Parent Trap.

—No, dime. Quiero saber —dijo mientras lo recibía y destapaba la caja.

—No sé... supongo que me entristece que él no haya querido crecer por lo desprotegido y angustiado que se sentía ante lo desconocido —le dije—. Me da pesar porque se perdió de una vida increíble y nunca sabrá que fue así...

M se quedó quieta.

—M... perdón... —Me sentí terriblemente mal y solté los DVD—. Dije una tontería, no sabía que te gustaba tanto.

D

—*No. No es por eso* —*dijo, dejando el DVD en el piso.*

—*¿Entonces?*

—*Que menos mal es solo una película...* —*dijo, mirándose las manos.*

¿Cómo no me di cuenta ese día?

Pensé.

Para *Peter Pan* lo desconocido era el mundo de los adultos.

Para M lo desconocido era el mundo del amor.

Volví a mi diario y escribí una nueva entrada.

La titulé: "Autosabotaje".

Me desperté con la ilusión de que D ya hubiera entrado en razón. Me alisté y fui a su apartamento tan rápido como pude. Pero al llegar descubrí que mi suerte seguía siendo la misma. La orden no había cambiado.

Nadie podía subir.

Yo
no
podía
subir.

La ansiedad me golpeó fuerte sin importar el lugar en el que me encontraba. Cuando llegué nuevamente a casa estaba muy mal.

—¿La viste? —me dijo mi papá intrigado apenas abrió la puerta.

—La perdí —le respondí intentando no llorar, pero fue imposible. Me llevé ambas manos a la cara. El corazón me latía lento, muy lento. Mi papá me abrazó, dejé caer mi peso en sus brazos y empecé a sollozar.

—Cuando estuviste confundida, ella tuvo paciencia y no la perdió. Ahora es tu turno —me dijo consintiéndome la cabeza.

—Debe sentirse muy mal —dije—. Quiero ayudarla y yo soy el problema… ni siquiera sé por qué.

Mi papá me tomó entonces con suavidad por los hombros.

—Entonces averígualo.

—¿Cómo? Sus papás tampoco quieren verme…

—¿Y su hermana? —me preguntó, mientras me limpiaba las lágrimas.

Contuve la respiración. No lo había pensado. Corrí a mi cuarto y con el llanto irregular y pausado busqué el número de Sabrina en mi celular. Las lágrimas caían pero yo las ignoraba. Necesitaba solucionar, no llorar. Cuando lo encontré, me permití unos instantes antes de marcar para tranquilizarme. No sabía si su reacción iba a ser la misma de D. Me preparé mentalmente por si me colgaba al oír mi voz y marqué.

—Sabrina… —dije apenas sentí que contestaba.

—M… ¿Cómo estás? —me dijo.

Aunque es la fórmula de cortesía que todos usamos desde que aprendimos desde niños casi de modo automático, supe que ella lo decía porque conocía la situación y sabía que evidentemente estaba pasando un mal momento.

—No muy bien… —dije y tragué saliva—. Sé que D está mal, y que no ha querido verme. Pero eso es todo lo que sé… no entiendo el porqué de ninguna de las dos. —Paré para respirar. Repetirlo me hacía doler el corazón. Tomé aire y continué—: solo quiero que alguien me diga qué pasó…

—¿No sabes? —respondió desconcertada.

—No… —dije sentándome sobre mi cama con miedo de lo que me iba a decir.

Respiró.

—Ustedes se tomaron una foto besándose…

—¿Cómo sabes eso? —Perdí las ganas de llorar de repente y la interrumpí.

— Porque… Paloma la tiene —me dijo.

—¡¿Qué?! —Se me aceleró el corazón—. ¿Cómo? Es imposible… yo la tenía…

—… No fuiste tú —me dijo con compasión.

Por fin entendí.
Se me rompió el corazón.

—Piensan que fui yo… —Se me despertaron las ganas de llorar otra vez, pero no me lo permití—. D piensa eso…

—Ellos sí —dijo—. Mi hermana no sé, no me contesta…

—Ella también —respondí.

—M… Paloma lo tomó extremadamente mal, no sé si por el hecho de que son pareja o por la forma como se enteró. Tú sabes lo cercanas que son ellas…

Asentí lentamente, como si Sabrina pudiera verme.

—… y que Paloma le haya dicho que lo mejor es tomar distancia debió dolerle mucho.

Cuando terminamos de hablar, todas las piezas cayeron en su lugar. D había enfrentado todo eso sola. Quería consentirla y quitarle todo el dolor. Pero también entendí por qué no quería verme.

A veces tenemos ideas equivocadas cuando el dolor no nos deja ver, y yo más que nadie lo sé bien. No sabía cómo "nuestro

secreto" había llegado a manos de sus papás antes de que D
fuera a contarles, pero por el momento esa era la última de mis
preocupaciones. D creía que había sido obra mía y aunque me
mataba pensar que pudiera considerarlo, no tuve tiempo para
sentirme dolida, tenía que recuperarla.

Lo fácil no es siempre lo correcto

D:

Si me dieras la oportunidad de hablar, te repetiría mil veces que jamás nos haría daño. Porque sé que así te lastimaría directamente y porque ahora la idea de no tenerte es lo que más me duele. Sé que piensas que caí en el efecto de mi problema y que lo hice sometida a sus órdenes. Pero te juro, desde el fondo de mi corazón, que de mi miedo al amor me curé hace un tiempo y que tú fuiste el remedio. En el camino perdí el susto a sentir y a mirar hacia dónde vamos.

Ya no tengo miedo a tenerte cerca, D. El que me queda es precisamente el opuesto, el miedo a tenerte lejos. Siento impotencia porque no puedo culpar a nadie por culparme. Porque si no supiera cuánto te amo, si no estuviéramos hablando del presente, y si no se tratara de ti, también hubiera sospechado de mí.

Si no hubiera sido por la sugerencia de mi papá de contactar a Sabrina esta mañana, y si no fuera porque ella me dio el beneficio de la duda y contestó, seguiría aún sin saber lo que está pasando. Lo peor de esto no es que piensen que soy capaz de hacer algo así, ni que sus papás no quieran verme, ni mi soledad, ni que me duela todo el alma y el esqueleto. Lo peor de esto es imaginarse el grado de dolor que debe estar experimentando D. Porque sé muy bien cuánto ama a su mamá, y aunque sea bajo circunstancias completamente distintas, también lo que significa tenerla lejos.

Hace meses nos sentamos en Mocca con D a hablar. Me preguntó por qué estaba triste y le conté que ese día sería el cumpleaños de mi mamá. Ella me abrazó. Hasta ese momento, nunca habíamos hablado sobre la enfermedad de mi mamá. D nunca me preguntó, por prudencia y respeto a mis sentimientos. Yo me sentí protegida y, sin que me preguntara, le conté. Le conté cuando le diagnosticaron cáncer en la lengua, cuando la operaron para retirarlo, cuando inició sus quimioterapias y radioterapias, cuando perdió su pelo, cuando nos dijeron que ya estaba libre de cáncer, cuando volvió a sentirse mal, cuando supimos que otra vez tenía cáncer pero en la garganta, cuando la operaron, cuando no volvió a comer sólidos, cuando solo la morfina podía calmarle el dolor, cuando solo podía recibir alimento a través de una sonda, cuando dejó de hablar, cuando todo lo que nos quería decir a papá, Alana o a mí era por medio de anotaciones en un cuaderno, cuando ya no podía pararse, cuando los tratamientos no estaban funcionando, cuando la alzábamos para acomodarla, cuando el cáncer le hizo metástasis en los pulmones, cuando mi papá viajó a Cuba para conseguir un remedio homeopático, cuando sirvió, cuando ya no sirvió, cuando no tenía defensas, cuando necesitaba oxígeno, cuando ya ni la morfina detenía su dolor, cuando le dio neumonía, cuando el cáncer le hizo metástasis en el cerebro, cuando solo podía mover sus ojitos, cuando me despedí de ella antes de ir al colegio, cuando Alana se fue a quedar donde mi tía, cuando volví y todo parecía una pesadilla, cuando mi mamá no podía respirar y sin embargo no quería irse de este plano hasta despedirse de Alana, cuando mi papá y yo entre lágrimas le dijimos que podía estar tranquila, cuando mi papá le dijo que era la única mujer a la que iba amar como la había amado, cuando le dije que la amaba, cuando nos miró por última vez, cuando se fue…

Y cuando me arrepentí… de todas las veces en las que me equivoqué, en las que pensé cuánto la amaba sin decírselo, en las que discutí con ella, en las que fui soberbia, en las que me creí autosuficiente, en las que puse mi orgullo primero. En todos los abrazos que no le di, y en todas las gracias que aún le debo. D no dijo nada, solo lloró al imaginarse que un día mi mamá había estado y al otro no. Me sostuvo las manos y me dijo cuánto lo sentía. Le dije que aprovechara a su mamá cada día de su vida porque yo daría toda mi vida por solo un minuto más con la mía. Hoy, sin quererlo, soy en parte culpable de la distancia que le pidió su mamá. Quiero repararlo y, aunque la manera que se me ocurrió podría empeorar las cosas, decidí seguir mi intuición. Hace una hora volví a pasar por la casa de los papás de D. Pero esta vez deslicé un sobre por debajo de la puerta.

Paloma:
Sé que lo que menos debes querer en este momento es saber de mí y, créeme… lo entiendo, pero no quiero tener un vacío más en el alma por las cosas no dichas. Si vas a leer esta carta o no es algo que yo no puedo controlar. Creo en la sanación,

en el bienestar, en la construcción y en la solución, y sé que tú también. No estoy buscando que vuelvas a quererme. Sácame de la ecuación. Si es necesario que entre nosotras solo una permanezca queriendo a la otra, y si esa persona soy yo, aunque me duela, lo aceptaré. Mi única motivación es que no haya ningún sentimiento negativo hacia D, porque puedo jurar que no lo merece. Hago esto también porque sé que estás pensando que las personas, aun amando, pueden hacer mucho daño. Y porque desde este lado de la moneda sé que D está pensando que las personas, aun amándonos, pueden hacernos mucho daño. Todas estamos lastimadas por la misma situación pero desde tres perspectivas distintas. Pero si nos detuviéramos y nos interesáramos por lo que siente la otra, nos daríamos cuenta de que ninguna de nuestras acciones han tenido el fin de lastimarnos entre nosotras, sino tal vez, ocurrieron porque ya estábamos lastimadas.

Es fácil juzgar sin conocer.

Tú podrías creer que yo envié la foto para robarle la posibilidad a tu hija de contarles como es debido, y que ambas los hemos querido engañar desde el inicio al no decirles que somos novias.

Tu hija podría creer que yo envié la foto como acto de autosabotaje porque siempre le he tenido miedo al amor, que su mamá no la quiere amar por mostrarse como es y que no le va a creer que sí iba a contarles.

Yo podría creer que mi novia no me quiere porque me puso
en duda y todavía cree que yo envié la foto para huir del
amor, sin que me importara el daño que pudiera causar, y que
mi suegra no podría nunca entender lo que realmente pasó.
Pero lo fácil no siempre es lo correcto.

Lo que realmente pasó:

Nunca en mi vida había sido capaz de concebir que el amor
fuera algo permitido para mí. Le tenía una especie de fobia muy
real y muy intensa a cualquier tipo de manifestación romántica
porque me hacía sentir fuera de mi zona de confort emocional,
y viví toda mi vida con una lucha interna dolorosa. Mi miedo
me obligaba a estropear o a evitar cualquier presentación de
afecto, aunque fuera lo que yo más quisiera y necesitara, para
escaparme de lo que pudiera pasarme dentro de esa vulnerabi-
lidad. Mucho menos pensé que fuera posible enamorarme de
una mujer. Pero así como hay cosas que puedo elegir, por ejem-
plo un café o un té, un libro o una fiesta, hay cosas que no, como
enamorarme y de una mujer. D llegó a mi vida y sin planearlo
me empezó a reparar.
Sin quererlo me enamoré como nunca.
Tu hija me quitó mi corazón de mis manos antes de que yo
empezara a destruirlo, como estaba acostumbrada, y, al con-
trario, lo protegió. D me empezó a amar y me sanó. Ya no le
tengo miedo a sentir, a que me amen, a amar. Ella hizo eso con
una persona y la persona, coincidencialmente, fui yo. Lo que

siento por D es tan poderoso que me puso a prueba conmigo misma. Es tan poderoso que me llevó a enfrentar los miedos más profundos. Es tan poderoso que me miré internamente a un espejo que me mostró todo lo que quiero ser por ella. Es tan poderoso que me hizo querer desarrollar superpoderes para que nunca nadie pueda volver a herirla.

Nos enamoramos así no fuera parte del plan. Nunca quisimos engañarlos, y si nos demoramos en decirles fue porque me costó mucho entender cómo funcionaba yo dentro de ese sistema del amor y porque D me tuvo paciencia. El día que decidí que era más fácil enfrentarme a lo que nunca había querido enfrentarme que vivir sin amarla, nos tomamos una foto para recordar el momento para siempre. Desde entonces la foto ha sido mi responsabilidad. Sin embargo, así todo indique lo contrario, no fui yo quien la envió. Yo estaba precisamente donde mi papá y Alana contándoles lo que te estoy contando a ti y lo que D iba a contarles a ustedes esa misma noche. No puedo hacer que me crean, pero sí puedo asegurar que nunca haría algo para destrozar todo lo que por fin hemos construido juntas. Digo esto únicamente para que tengan la tranquilidad de saber que D se ha convertido en una mujer tan maravillosa que fue capaz de restaurar un corazón adicto a restringirse. Que seguimos siendo las mismas personas y las mejores amigas, como siempre. Que nunca me sentiré merecedora de D, pero también, que nadie la va a amar nunca como lo hago yo.

A D hay que protegerla, sanarla, sorprenderla, consentirla, apoyarla, admirarla, escucharla, valorarla, entenderla, apreciarla, atenderla, ayudarla, aplaudirla, amarla. ¿Lo hacemos juntas?

Monotonía y aislamiento: serían las dos palabras que mejor describirían lo que fue ese momento de mi vida.

Cereal, cobijas, música, cereal, películas, llorar, dormir.

Todo mi apartamento me acordaba a mis papás y todo lo que había adentro, a M. Pero un secreto es que no me enojaba, resentía o molestaba, al contrario, me reconfortaba y me tranquilizaba. Mi soledad era menos soledad porque había elementos de las personas que más amaba. Y si me dolía como me dolía lo que había pasado, era porque los amaba como los amaba. Si estábamos lejos no era porque mi amor hubiera disminuido, sino porque estaba herido y había herido también. No quise hablar con nadie, y aunque puede verse como irresponsable, también falté a mis clases por una semana entera. Sabía que no estaba en condiciones ni aptitudes para desempeñarme como normalmente lo hacía. Porque los malestares emocionales (en mi caso un corazón roto y tristeza) pueden ser peores que los malestares físicos y tardan mucho más en sanar, y aunque el mundo no los reconozca como una excusa válida para necesitar incapacidad médica, yo sí. Apagué mi teléfono al primer día de aislamiento y pasaron uno, dos, tres, cuatro, cinco, seis, siete, ocho días más. El citófono dejó de sonar los primeros días cuan-

D

do le dije al portero que yo lo llamaría cuando me sintiera mejor. Él aceptó, pero me dijo que subiría dos veces al día para verificar con sus propios ojos que todo estuviera bien. Su condición no me molestó, me hizo sentir protegida. Incluso empezó a volverse costumbre entregarle una tacita de café por las mañanas. Cada día antes de subirse de nuevo al ascensor decía: "La niña estuvo aquí otra vez". Yo lo miraba triste, cerraba la puerta y me resbalaba en ella llorando. Me sentía culpable, pero sabía que si la dejaba subir, lo más probable era que se me olvidara lo que había hecho y me lanzara a besarla. Y eso no era sano ni para ella ni para mí. Porque si sí había sido ella la de la foto, y yo volvía a intentar repararla, su mente iba a considerar eso como aceptable, y meses o años después, cuando ella volviera a sentirse tan feliz y tan plena, su miedo volvería a controlarla y la llevaría a hacer algo peor.

Toda mi rutina cambió un día cuando iba por mi segundo plato de cereal a la cocina y sonó el citófono. Me asusté. M había ido cada uno de los días, y de todas formas, el portero había respetado mi regla. ¿Qué podía haberlo hecho llamar esta vez? Si quería otra taza de café, podría subir a decírmelo. Dejé mi taza de leche con aritos de colores en la mesa y contesté.

—Señorita, discúlpeme, pero prefiero confirmar antes de seguir la regla… Su mamá está aquí abajo y quiere subir.

Me quedé muda.

—Discúlpeme… ¿qué le digo? —dijo susurrando.

—Que suba… —respondí, casi sin voz.

No hay imposibles

Van pasando los días (ya ocho) y compruebo que la carta no debió ser bien recibida por Paloma. Sin embargo, hice lo que sentí que debía hacer y quedo en paz con eso. Lo que realmente me frustra es que quería que al menos su mamá cuidara de D, porque me mata la idea de que siga aislada y triste. Hace unos días pensé en explicarle todo a D (también) por medio de una carta, y hacérsela llegar por medio del portero (al cuál llevo viendo varios días consecutivos antes de ir a la universidad, cuando paso por su edificio para verificar si ya quiere verme). Pero ayer en la noche decidí que dejaría de ir a su espacio (en donde claramente no me quiere tener ahora) y que buscaría una forma más especial de hacerle saber que sigo queriéndolo todo pero con ella. Sin embargo, nada que valiera la pena se me ocurría. Mi creatividad ha estado un poco adormecida últimamente, para ser honesta. Pero hoy, cuando estábamos viendo televisión, Alana y mi papá me dieron la idea perfecta de cómo hacerlo.

—¿Cómo le dijiste a D que querías que fuera tu novia? —me preguntó Alana, mientras miraba una botellita de esmalte lila detenidamente para elegir si era ese el que quería usar en las uñas.

Mi papá me miró conmovido.

Sonreí.

Desde el día que les conté a ambos que estoy enamorada de D, y que ella de mí, han sido incluso mejores de lo que pude haber soñado. Están pendientes de mí y de cualquier noticia que pueda tener de D. Siento que incluso estamos mucho más cerca que antes y que han conocido ese lado de mí que yo también descubrí hace poco.

—¿Te acuerdas de los mensajes que te conté que nos dejamos? —le pregunté, mientras Alana me pasaba el esmalte para que la ayudara a destaparlo.

—¡Sí! —Sonrió emocionada—. ¿Con cuál fue? —me preguntó con los ojitos entrecerrados intentando acordarse de todos los que le había mencionado.

—El de los girasoles… —le dije sonriendo.

—¿Y cómo le vas a decir ahora que sigues queriendo lo mismo? —me dijo mi papá, que estaba sentado en su cama con el computador en las piernas.

Me quedé pensando con el esmalte ya abierto en mi mano derecha y la brocha en mi mano izquierda.

—Si haces algo como de película que le demuestre que tú ya no tienes miedo, no solo va a creerte, sino que van a volver a estar juntas —me dijo Alana estirando los deditos para que empezara a pintarle las uñas.

Me quedé con la boca abierta de ver lo inteligente y madura que era, y de la idea que me estaban dando.

—Porque si ella está triste, es porque piensa que hiciste algo que no hiciste, y que fue porque no estas segura, cuando sí lo estás —completó mi papá.

Gracias a los dos, ya sé perfectamente el mensaje con el que quiero recuperarla.

Y aunque es ambicioso,

con D ya no creo en lo imposible.

D

Páginas equivocadas

Hoy cuando sonó el teléfono fue porque mi mamá estaba en la portería. Estaba segura de que era porque había olvidado decirme algunas cosas la última vez. Ella misma me pidió distancia y seguramente le había frustrado no decirme con más palabras lo decepcionada que se siente de mí y de quién soy. De todas formas algo en mi corazón me convenció de dejarla subir. A regañadientes abrí la puerta apenas colgué el citófono. No quería tener que vivir el incómodo momento en que ella timbra y yo abro como si nada hubiera pasado. Preferí sentarme en el sofá y esperar a que entrara. No hallaba qué hacer con mis manos de los nervios y cuando escuché que el ascensor se abría, mi cuerpo respondió arropándose con una manta que tenía al lado. Pensé inmediatamente que había sido el peor instinto de protección… porque una manta no puede hacer que tu mamá te vuelva a querer de repente.

Apenas atravesó la puerta bajé la mirada. Sus pasos se detuvieron, cerró la puerta y habló.

—Perdóname…

Levanté lentamente la cabeza con escepticismo y sin mirarla.

—Para ti tampoco debe haber sido fácil… y en el momento no pensé en eso.

Pasaron varios segundos en los que me mantuve en silencio hasta que pude reaccionar.

—Perdóname a mí… por no haberles dicho antes.

—Te creo… que sí ibas a contarme ese día —me dijo mientras se acomodaba en la poltrona del frente.

—¿De verdad? —La miré.

—Alguien quiso que esto pasara como pasó… —dijo y juntó sus manos con los dedos entrelazados.

—Mamá… M no lo hizo para lastimarnos, ella tie… —dije suplicante y me interrumpió.

—No fue ella.

La miré extrañada y sentí un alivio mezclado con culpa en todo el cuerpo.

—Perdón… Ese día cuando vi la foto lo supuse porque por detrás estaba marcada con su nombre y tenía rabia de pensar que por ella me habías mentido por primera vez… —agregó.

—¿M… no te la entregó? —pregunté.

Mi mamá, avergonzada, negó con la cabeza.

No me salían las palabras.

Ese día mis papás no mencionaron cómo habían obtenido la foto, pero con lo poco que dijeron me dieron a entender que no cabía duda de que había sido ella.

Todos estos días me he repetido en mi mente: *No pudiste ser tú*, pero siempre que repasaba lo que me dijeron mis papás, no entendía cómo podía ser posible que ella no tuviera nada que ver.

Ella tenía la foto, a fin de cuentas…

D

Yo seguía en silencio hasta que me atreví a preguntar.

—¿Cómo la obtuviste entonces?

—Acababa de llegar del mercado. Estaba poniendo las cosas en el mesón de la cocina y sonó el timbre. Abrí la puerta y no había nadie. Ya iba a cerrar cuando algo en el piso llamó mi atención… lo recogí y… era la foto.

—¿Cómo es posible? —dije, sentándome en la orilla del sofá con un millón de preguntas nuevas que se me empezaban a ocurrir.

—Sí… Me pregunté lo mismo cuando M me dijo que no había sido ella y pedí una copia d…

—Espera… dijiste que cuando M te dijo, ¿cuándo? —la interrumpí y fui subiendo la voz sin intención. Mi mamá me miró en silencio al darse cuenta de que yo no tenía conocimiento sobre la carta.

—Me escribió una carta. La recibí hace varios días.

Yo solo parpadeaba, esperando que me explicara todo lo que yo no sabía.

—No quería que tú y yo estuviéramos mal. Y aunque nunca te había imaginado con una mujer… —Tragó saliva— … ella es una muy buena persona… y eso es lo que finalmente me importa. Ya sé que ustedes estaban intentando hacer las cosas como mejor creían.

—Ma… —le dije con ganas de llorar.

Sonrió a medias y agregó.

—Apenas leí su carta pedí una copia de lo que habían grabado las cámaras de seguridad ese día. —Metió la mano en su bolso para buscar algo—. Quería hablar contigo cuando entendiera bien la situación. Por eso no vine antes; ayer temprano las recibí.

—No te estoy entendiendo… —Mi voz sonaba angustiada.

—Pedí la grabación porque me preocupa que alguien quiera lastimarte.

Sacó una USB.

Mientras la miraba, le pregunté con el corazón acelerado. Gotas de sudor me empezaron a escurrir por el cuello.

—¿Ya viste el video?

—Sí. —Sonaba nerviosa—. Y sale Samuel… —agregó con suavidad.

Me recosté desganada contra el asiento. Inhalar por la nariz y exhalar por la boca era difícil.

¿Samuel?

Me quedé paralizada.

¿Cómo Samuel había obtenido la foto?

Me acordé de esa mañana y lo entendí.

—La culpé a ella…

No aguante las lágrimas de frustración y enojo conmigo misma.

—Ella va entender, chiqui. Así como yo pude entender… Ahora recupérala —dijo, y puso su mano sobre mi rodilla.

No tocaba este diario desde que había escrito en él como si le hablara a M.

D

Ahora no soy capaz ni siquiera de mirar esas páginas tan equivocadas.

"¿Autosabotaje?"

M nunca fue. M estaba segura de mí. M sigue amando amarme. M ha venido cada uno de los días a decírmelo y mis emociones han sido tan fuertes que no quise escucharla.

El motivo

La palabra final que usó mi mamá fue la clave para entender lo que tenía que hacer. Mi enfoque no iba a ser la persona que nos hirió, sino la persona a la cual herí.

(Pero antes).

Quería repasar el momento exacto en que, por descuido, todo había pasado como pasó: cuando Samuel volvió.

M entró a bañarse y después de que sonó el timbre más de una vez, me paré de la cama. Pensé que alguien se había equivocado, pero al abrir me di cuenta de que era Samuel. Llevaba una caja con cosas mías y se mostró inicialmente caballeroso y cambiado. Cometí el error de dejarlo entrar pensando que solo iba a dejarla en el suelo e irse. En cambio, no solo no soltó la caja al entrar, sino que al notar cómo estaba vestida cambió su mirada y me dijo que estaba linda. Seguramente creyó que con simular un cambio y pronunciar cualquier cumplido me iba a tener a sus pies, pero cuando no respondí nada se frustró de que yo ya no jugara su juego. Empezó a revisar todo el lugar y cuando vio dónde quedaba mi cuarto se dirigió hacia él, pero no por generosidad, sino porque le pareció sospechosa mi actitud y como estaba vestida. Al entrar se debió relajar al no ver a nadie en mi cama, pero cuando M habló desde la ducha y la escuchó, debió volver a llenarse de motivos. Me preguntó si la voz era la de *la barista* con un tono que me molestó así que le dije que su nombre era M. Reconoció de inmediato la voz de esa mujer a la cual le había hablado de manera desagradable en el pasado y por quien habíamos tenido una gran discusión. También detalló que no solo estaba en mi apartamento en el momento, sino que estaba en mi ducha y me llamaba por un apodo único. Cuando M volvió a hablar pidiéndome que le pasara su ropa interior, Samuel entendió todo. Cuando me agaché a buscar en el morral las cosas que M me había pedido, Samuel no estaba examinándome a mí como creí, estaba examinando qué podía encontrar para confirmar su sospecha. En mi descuido debió encontrar la foto Polaroid sobre la mesa de noche de M y por eso cuando me volteé lo vi levantarse veloz y nervioso. Se puso serio y salió muy rápido del apartamento porque, quizá, ya tenía la idea de lo que podía hacer con la foto. Marcó la foto con la inicial de M por detrás y se dirigió a casa de mis papás. La puso en el suelo, timbró y se fue rápidamente.

Concluí.

Pensé en que no había sido mi culpa que él hubiera decidido ir a mi apartamento. Pero que sí había sido mi culpa bloquearme a tal punto que no hubiera repasado todo lo que había pasado ese día, y no haber llegado a esa misma conclusión antes. Si hubiera buscado respuestas y no me hubiera enfocado únicamente en el dolor que estaba sintiendo en el momento, hubiera llegado su nombre a mi mente y hubiera sospechado de inmediato.

Samuel me había llamado al teléfono algunas veces después de que terminamos y yo nunca le contesté. De pronto pensó que al volver a vernos sería distinto y al darse cuenta de que no solo eso ya no era una opción, sino que ya estaba con otra persona, debió golpearle fuertemente el ego. Samuel siempre tuvo actitudes machistas y descubrir que, fuera de todo, esta nueva persona no solo era alguien que yo ya había defendido en el pasado, sino que también era una mujer, debió enloquecerlo.

Mis pensamientos, fueran ciertos o no, me dieron un tipo de cierre. No iba a buscarlo, ni a reclamarle. Él y sus berrinches eran lo último en mi lista.

Mi prioridad:

Pedirle perdón a M.

Me desperté al día siguiente y lo primero que hice fue ir a Mocca. No porque me hubiera cambiado al turno de la mañana, sino porque Guillo, mi jefe, el dueño del café, era el único que podía ayudarme con el mensaje que quería darle a D, y el solo iba por las mañanas. Sentía que era extremadamente difícil que me dijera que sí, así que preferí ir lo más pronto posible para tener tiempo de convencerlo.

Llegué a las 8:20 a.m. y vi desde afuera que había unas cuantas personas trabajando para tener todo listo antes de abrir las puertas a las 9:00 a.m. para los clientes. Salió un chico rubio y muy alto para decirme que aún no estaba abierto. Le expliqué que yo trabajaba ahí, solo que mi turno era el de la tarde, y que había llegado a esa hora porque necesitaba a Guillo. El chico me miró raro pero me dejó seguir, y mientras esperaba a que Guillo saliera de su oficina, me preguntó mi nombre. Se lo dije y le sonreí pensando que había hecho la pregunta por pura cordialidad.

—Sí, sí es para ti… —dijo, mientras se agachaba detrás del mostrador.

—¿Qué cosa? —le pregunté acomodando ambas manos en el mostrador e inclinándome con curiosidad.

—Es que hoy muy temprano vino alguien y dejó una encomienda con una descripción un poco misteriosa… —continuó aún agachado mientras revolcaba las cosas que había dentro de un cajón.

—Jaja, pero no creo que sea para mí... Nunca, en todo lo que llevo trabajando aquí, me han dejado algo —le dije perdiendo el interés y separándome del mostrador.

—Mira —dijo, cuando lo vi salir por arriba del mostrador de un salto—. Sí es para ti. —Me alcanzó un sobre blanco y se rió—. Me dijeron que no sabían el nombre completo de la barista pero que su nombre empieza con M, y que tiene las puntas del pelo azul. —Levantó los hombros.

Lo miré y recibí el sobre. Cuando estaba a punto de abrirlo, salió Guillo de su oficina, así que lo guardé en el bolsillo del pantalón. Guillo estaba revisando que las mesas estuvieran impecables cuando me acerqué y le pregunté si tenía un minuto para hablar. Me dijo con una sonrisa gigante que sí, que nos sentáramos en la mesa que teníamos al lado. Cuando nos sentamos, le expliqué mi situación romántica de manera resumida. Le hablé de cómo nos habíamos conocido, de la primera vez que ella entró al café, de los mensajes, de la foto... Su cara, que al principio estaba sonriente, estaba al borde de las lágrimas cuando me detuve.

—Perdón por contarle todo esto... Pero realmente necesito que entienda el contexto de lo que estoy pasando porque quiero pedirle un favor muy grande... —le dije nerviosa con las manos dentro de los bolsillos de mi chaqueta de *jean*.

— Dime, ¿qué puedo hacer? —me dijo realmente conmovido.

Le conté que cuando había empezado a trabajar allí había escuchado a mis compañeros hablar de algo que le pertenecía a él, y que quedaba a pocas cuadras del café. Le dije que sabía que alquilarlo era increíblemente costoso, pero que no perdía nada preguntándole si podía hacer una única excepción. Le expliqué que lo necesitaba porque ahí es donde quería que estuviera el mensaje para recuperar a D.

No había terminado mi monólogo de convencimiento cuando me interrumpió.

—En lo que pueda servir. Cuenta conmigo.

1+1

Hoy, por fin, el universo me dio dos buenas noticias.

Primera:

El dueño de Mocca me dijo que sí.

No entiendo cómo pasó, pero aceptó.

Le agradecí casi llorando y para terminar, me dijo que mañana mismo podía colocar el mensaje para D en el lugar.

Mañana le dejaré el mensaje y, así, intentaré recuperarla.

Segunda:

Cuando llegué de la universidad a mi casa puse *Strawberries & Cigarettes* de Troye Sivan a todo volumen en mi cuarto (como llevo haciendo hace varios días) para no desesperarme al acordarme de cuánta falta me hace D.

(Nota mental: esa táctica tiene grandes desventajas porque casi todas las canciones parecen haber sido escritas para ella y siempre termino llorando).

Pero no fue sino hasta hace una hora que al quitarme los *jeans* para ponerme la pijama, sentí el sobre que había guardado en los bolsillos del pantalón. Me tumbé en mi cama hipnotizada con el sobre en las manos. Empecé a revisar con intriga su exterior en búsqueda de un remitente, pero rápidamente descubrí que no estaba marcado. No tuve delicadeza al abrirlo porque mi corazón iba a mil de solo concebir que podía ser de D. Lancé el sobre ya vacío hacia un lado y me quedé con un papel perfectamente doblado por la mitad.

Lo desdoblé. Pero cuando leí el titulo algo me impulsó a volverlo a doblar. No podía creer lo que había visto. Respiré hondo y después de un momento, volví a desdoblarlo, ya decidida a leerlo.

Hagámosla feliz:
Yo como su mamá, y tú como su pareja.

Te ofrezco mis disculpas
por haberme tardado en responder.
Quería reivindicarme y para eso, quería encontrar
las respuestas antes. Desde que leí tu carta sola en el
comedor, después de encontrarla debajo de la puerta,
te creí y supe que me había equivocado con las dos.
Nunca quise lastimarlas.
Como dijiste, reaccioné así, primero por la forma como me
enteré, y segundo, porque me sentí lastimada también. No
pensé que sí fueran a contarme, y no tenia manera de saber
todo lo que habían tenido que pasar tanto individualmente
como juntas. Algo que he aprendido en esta vida es que de los

momentos negativos se aprende y que, a veces,
las cosas no son lo que parecen.
Lo que tienen no es un juego, al contrario, es un amor que las
ha ayudado a evolucionar personalmente y en equipo.
Me di cuenta de que al enterarme, me pareció necesario un
espacio y un tiempo en los que pudiera asimilarlo y pensarlo
con cabeza fría a mi ritmo, e incluso lo exigí.
También me di cuenta de que no pensé en todo el proceso
personal y de pareja, igual o más complejo, por el que
ustedes tuvieron que atravesar antes de si quiera poder
empezar a pensar en cómo comunicarlo. Y, sin embargo,
los padres exigimos que se nos cuente todo lo más rápido
posible, cuando los hijos claramente también necesitan su
espacio y su tiempo específico para asimilarlo. Si es difícil
de asimilar desde el exterior, debe ser, en muchos casos,
complicado de entender en el interior, como te pasó a ti.
Sigues siendo la misma persona con gran corazón, tierna,
noble, amable, honesta, respetuosa, sensible que conocí, y me
alegra saber que esas cualidades son las que buscó mi hija en
su pareja. Sé que tu mamá desde el cielo siente un orgullo
inmenso de la mujer en la que te has convertido, porque
incluso yo me sentí orgullosa al leer tus palabras.
Nunca voy a juzgar a mi hija por ser como es, siempre
y cuando no pase por encima de nadie, y la voy a seguir
amando porque sigue siendo la misma persona
maravillosa de siempre.
Me di cuenta de que no hay una forma de amar correcta.

El amor es hermoso, y si es hacia una persona
del mismo sexo, no hay diferencia.
Me di cuenta de que lo que quiero para mi hija no es un
hombre a su lado, sino que quien la acompañe, sin importar
su género, sea una persona buena y que busque su bienestar.
Y comprobé que el amor, como dijiste, sí es una fuerza
insuperable, porque gracias al amor que le tengo a mi hija,
me di cuenta de todo lo que he mencionado antes.
Solo quiero pedirles que cuiden su amor, aliméntenlo todos
los días, no lo desperdicien, respétenlo, elíjanse,
no lo comparen, que sea honesto, que se base en la confianza,
séanle fiel, que sea transparente, que sea auténtico,
que lo protejan, y que no le tengan miedo, porque si hacen
las cosas bien, no hay por qué temer.

Paloma.

Mis manos aún tiemblan. Ya me había hecho a la idea de que nunca recibiría palabras como esas de su parte. Lloré de felicidad al finalizar la carta y me la puse en el pecho, cerquita al corazón. No recordaba lo que se sentía llorar por algo positivo. Hace un rato me puse finalmente la pijama y fui a contarles las dos buenas noticias a mi papá y Alana. Se pusieron muy felices por mí, pero me hicieron una importante pregunta:

¿Cómo voy a hacer para que D vea el mensaje?

Quiero interpretar el día de hoy, y sus dos buenas noticias, como señal universal de que recuperarla es lo único que me falta hacer. Así que creo que ya tengo la respuesta.

D

El día después de haber vuelto a ver a mi mamá, me desperté sintiéndome extrañamente positiva. Sentía que en vez de sangre, era esperanza lo que se movía a través de los vasos de mi sistema circulatorio. Me alisté para, ese mismo día, retomar mis clases del instituto y enfrentar las consecuencias académicas por mis días de inasistencia.

Gracias a una carta escrita por M (que me moría por leer), mi mamá había entendido algo que ni yo hubiera sabido cómo empezar a explicarle. Y esa había sido una muestra más de amor, compromiso y valentía que había recibido de parte de M. Mi mamá había transformado sus sentimientos negativos y estaba ahora dispuesta a apoyarme sin importar nada.

Y M… Nuestra separación había sido causada únicamente por mí, y aunque quería pedirle perdón por el resto de mis días, no veía la hora de recuperarla. Quería demostrarle que aunque Samuel hubiera hecho todo esto con intención de separarnos, aunque nos hubiera dejado algunas heridas, nuestro amor podría salir intacto y fortalecido.

Mientras desayunaba decidí que mi mente se dedicaría todo el día a la búsqueda de la mejor forma de hacerle saber cómo me sentía. Cuando iba camino a mi primera clase del día recibí un mensaje de texto.

Chiqui: quiero ayudarte a recuperarla.
Pero debido a todo lo que pasó,
no sé si sea algo en lo que quieras que yo me involucre…
Mamá.

Había sido una respuesta física a mis preguntas mentales. Mi mamá me quería ayudar.

Ma: que me escribas ese mensaje significa el mundo para mí y,
si hay algo que deseo, es que sigamos siendo las de siempre.
Sería un sueño que me ayudaras en esto.
Tu hija.

Una sonrisa imposible de amortiguar me acompañó durante toda mi primera clase. Cuando iba a entrar a la segunda, mi celular vibró gracias a un segundo mensaje de su parte que decía que nos tomáramos unas onces en la tarde "para retomar desde ya nuestros momentos de unión", y que ahí me contaría su idea.

(Por supuesto).
Acepté.

Salí de mi última clase con unas ganas impresionantes de correr las cuadras que fueran necesarias hasta llegar a casa de M y rogarle que me perdonara, pero me contuve. Mi mamá quería ayudarme a recuperar a la mujer de mis sueños (MI MAMÁ) y por nada del mundo desperdiciaría su propuesta, mucho menos después de todo lo que había pasado. Así que me fui a mi apartamento para dejar mi maleta y esperar a que, unas horas después, Antonio me recogiera para llevarme a la pastelería francesa en donde iba a encontrarme con mi mamá. Cuando dieron las 5:00 p. m. bajé a mi portería y Antonio me recogió. Lo saludé con un abrazo ya que no lo veía desde el día del incidente cuando se ofreció a llevarme a casa y no quise.

La camioneta empezó a andar y me quedé todo el recorrido mirando por la ventana. Me sentía triste de no haber creído ciegamente en el poder del amor y de haber pensado por tantos días que el miedo había sido más fuerte. Cuando la camioneta se detuvo y me despabilé, Antonio me dijo que para llegar a la pastelería tenía que caminar unos cuantos pasos y me dio señas para encontrarla. Le agradecí y me bajé de la camioneta. Cerré la puerta y seguí pensando en M.

Caminé los doce pasos que me indicó pero no veía señas de ninguna pastelería. Giré el cuerpo para, ojalá, poder verificar con Antonio si estaba caminado o no hacia la dirección correcta, pero me di cuenta de que la camioneta ya se había ido. Volví a mirar al frente para fijarme en que el número del local fuera el que me había dicho, pero me encontré con algo que me dejó atónita.

—¿M? —dije y todo el cuerpo se me congeló.

Tenía una camiseta negra, *vintage jeans* (en donde le había escrito "tuya"), un abrigo negro y un *beanie* del mismo color. Sus ojos se veían más brillantes que nunca y el tono azul de su pelo me volvía a dejar sin aliento.

—D... —dijo mirándome a los ojos.

—¿Esto… fue fortuito? —le pregunté señalándola a ella y luego a mí.

M se arregló un poco el *beanie* con la mano derecha y, con una actitud que yo no pude descifrar bien, habló.

—Tu mamá iba a darte una idea para que nosotras habláramos…

Asentí confundida.

¿Por qué sabía eso?

—Pues aquí estamos hablando —agregó sin sonreír.

—¿Y las onces? —pregunté mientras miraba a todos lados y cuando entendí lo que estaba pasando, volví a mirarla—… Ella no iba a venir…

—No. Ella hizo que tú vinieras.

Sentí que me salía una sonrisa de esperanza indeseada.

M lo había planeado, lo que quería decir que quería verme, y mi mamá había sido su cómplice, y ya me había ayudado a hablar con ella, al ayudarla a ella.

—No lo traje escrito en ninguna parte porque no sabía que iba a verte y… a pesar de que deseaba encontrar el lugar más increíble del mundo para decírtelo… por favor, discúlpame —dije juntando mis manos en posición de ruego y poniéndolas sobre mi boca.

Mis ojos estaban llenos de ilusión pero no me había movido ni un centímetro del lugar en donde estaba. Yo no tenía el derecho de acercármele. No después de lo que le hice. Sus ojos empezaron a brillar con más intensidad, pero sentí un vacío en el estómago casi doloroso cuando me di cuenta de que era debido a las lágrimas que empezaban a acumularse dentro de ellos.

Sentí que su mirada había sido la respuesta: no había vuelta atrás.

Cerré los ojos con mucha fuerza durante un par de segundos y dejé caer el peso de mi cabeza sobre mis manos. Pero respiré hondo y me llené de valor, porque sin importar cómo, no me iba a rendir hasta reparar mi error. Abrí los ojos y la miré, y aunque las lágrimas ya se estaban resbalando por sus mejillas, me di cuenta de que estaba sonriendo.

1. Estaba sonriendo con tristeza porque, aunque le había dolido como nunca, sí me iba a disculpar y porque íbamos a superarlo juntas;
2. O estaba sonriendo con tristeza porque, aunque sí me iba a disculpar, le había roto el corazón justo cuando se había arriesgado a amar por primera vez, y no había forma de superarlo juntas.

Respiró y empezó a buscar las palabras.

—… Aunque me parezca injusto que las tres seamos las únicas pidiendo perdón en una situación que nunca deseamos en primer lugar… —negó con la cabeza— … discúlpame tú a mí… por haberte dado tantos motivos para creer que yo te iba a abandonar en ese momento…

Estaba seria y sentí que era el inicio de su despedida.

No podía permitirlo.

Algo me recorrió toda la médula con ese pensamiento y me acerqué un solo paso hacia ella para interrumpir lo que me estaba diciendo.

—No puedo medir la magnitud del dolor que debí causarte al dudar de ti… pero déjame intentar arreglarlo… Por favor… No quiero pensar en una realidad en donde volvamos a ser extrañas p… —Tuve que detenerme para respirar porque, sin darme cuenta, había empezado a llorar, y me estaba faltando el aire.

Sentí que M quería decir algo, pero tenía que terminar de decirle lo que quería, así que continué con el poco aire que alcanzó a llegar a mis pulmones.

—… porque te amo, M… como nunca… y tú me has amado como ni siquiera sabía que era posible… y… —Tragué saliva y seguí—: ¿Te acuerdas que cuando nos conocimos me dijiste que te había salvado la vida después de prestarte el DVD? ¿Y que me invitaste a un café de cortesía como muestra de agradecimiento? —dije sonriendo y llorando al mismo tiempo.

M asintió lentamente sin decir nada.

—Ahora me toca a mí…Tú salvaste la mía cuando decidiste amarme y permitirme amarte. Y quiero invitarte a vivir toda una vida juntas, y prepararte café cada mañana como muestra de agradecimiento por haberme convertido en la persona más afortunada de este mundo —dije, y le quité la mirada de la angustia que me generaba la expectativa de su respuesta.

Todo permaneció en silencio un momento.

—… Es increíble lo que me haces… —dijo negando la cabeza—. Esta mañana sabía exactamente lo que quería decirte y ahora sencillamente no me acuerdo…

D

Quedé con el corazón en la mano.

Aunque había hablado, no me había dicho nada.

Tomó aire y pude ver cómo se le inflaban los pulmones. Pensé que me iba a morir ahí mismo si no me decía algo, cuando exhaló sonoramente antes de agregar algo a lo que había dicho.

—Menos mal pensé en eso antes y lo escribí…

Me volvió a mirar en espera de mi reacción. Fruncí el ceño y volví a llorar en silencio.

No sabía cómo interpretar lo que me estaba diciendo,
no entendía nada.

Solo sonaba mi estúpido sollozo cuando levantó el brazo izquierdo y señaló hacia el otro lado de la calle.

—…Ahí —susurró.

Me volteé en menos de un segundo. Mis ojos, llenos de lágrimas, estaban desesperados buscando algo pero sin saber qué, y lo único que veían eran restaurantes. Intentaba enfocar pero primero: seguía sin entender, y segundo: las lágrimas seguían cayendo. Volví a mirarla pidiendo guía y después de mirarme a los ojos por unos segundos, sonrió.

Sin decirme nada, volteó la cabeza y alzó la mirada.

Con los ojos me indicó hacia dónde mirar.

Sentía que me iba a explotar de las ansias y de las ganas de llorar de la ilusión, pero también tenía miedo de lo que podía encontrarme. Me volteé, pero esta vez lentamente. Levanté la mirada muy, pero muy despacio, y cuando vi lo único que podía parecer un mensaje, se me frenó el llanto.

—Creo que esa es una buena respuesta a la pregunta que me acabas de hacer —dijo.

Yo seguía quieta y muda.

—Lo único que le sumaría serían nueve noches seguidas juntas. Una por cada uno de los días que no pude verte… ¿aceptas? —agregó.

Salí de mi parálisis y me giré de nuevo a verla. Podía ver en su rostro las ganas que tenía de llorar, pero yo ya no estaba llorando. Empecé a caminar despacio hacia su dirección y me detuve únicamente cuando estaba un centímetro de su boca. Y ahí, sobre sus labios, le hablé.

—No se puede expresar con palabras lo que estoy sintiendo… así que…

*Interrumpí mis propias palabras
poniendo mis labios sobre los suyos*.

Me sentí más viva que nunca.

La besé con delicadeza y ella puso sus manos en mi rostro para devolverme el beso. Ninguna estaba llorando como tal, pero ninguna tampoco pudo retener las lágrimas que caían. Tal vez lo hacían por simple gravedad.

O tal vez caían por el sentimiento tan poderoso de estar ahí, juntas, cerquita, paradas al otro costado de la calle en donde una valla decía: *Sí, si es contigo.*

Un reemplazo mejor

En este momento, contigo a mi lado, es la primera vez que después de contarte que tengo un diario en donde mi versión de nuestra historia quedó documentada, escribo al frente tuyo. E incluso, voy leyendo en voz alta las palabras que voy agregando.

Al inicio creí que me estabas tomando del pelo cuando me confesaste, con cara de terror, que desde pequeña también has tenido la bonita costumbre de escribirte a ti misma. Me di cuenta de que era completamente real cuando, con ojos llorosos, me dijiste que para poder continuar con nuestra relación en completa transparencia, querías que leyera las palabras equivocadas que escribiste en el peor día de nuestra historia.

Fuimos a tu casa y abriste tu diario en esas páginas específicas. De inmediato supe que eran las páginas que más te arrepientes de haber escrito cuando te empezó a temblar la boca y la nariz. Te sostuve el rostro con mis dos manos y te recordé que no hay nada que pueda hacerme dejar de amarte, que escribiste eso cuando no sabías qué estaba pasando desde el dolor, y que tus ganas de cerrar ese ciclo por completo me confirman que sigues siendo la mejor decisión que he tomado.

Las leí en silencio y, al finalizar, te dije que viniéramos a mi casa.

Quiero responder aquí, al frente tuyo, a esa carta que nunca me enviaste.

Y tranquila, no lo hago por miedo a que sigas pensando igual. *Sé que no es así.*

Lo hago para que cada vez que recuerdes lo que pasó, o siempre que quieras o necesites, encuentres un reemplazo mejor y puedas repetir esta en cambio.

Si te vieras con mis ojos,
podrías comprender.

En este momento sé que desde que llegaste a mi vida me aseguraste un futuro.

A mí, que había perdido la esperanza de tener uno.

Los planes que tenemos ahora me confirman que lo que tenemos es imposible de definir en una sola palabra. Pero que si tuviera que elegir una, sería el antónimo de la nada: **todo.**

¿Conoces esa sensación que queda cuando alguien te pide que te imagines la "nada"? ¿Esa frustración al saber que es imposible? ¿Y cómo termina siempre siendo un problema porque incluso el negro que decora el supuesto "vacío" de nuestra mente sigue siendo algo?

Pues bueno, contigo he conocido la sensación inversa. Cuando intento imaginarme el "todo" que me haces sentir a diario, la cantidad de información recarga mi mente de tal forma que siento como si fuera a dejar de funcionar por sobrecargarla. Al contrario de la "nada", con el "todo" es tan posible que también termina siendo un problema, pero uno espectacular. Porque mi mente se inunda en menos de un segundo con diversos tipos de colores, sabores, sensaciones, palabras, sonidos, olores, texturas, relieves, profundidades, materiales, letras, miradas, recuerdos, sueños, emociones, constelaciones, canciones, palabras, y siempre termino desistiendo porque me preocupa haberla puesto a soportar más de lo que es posible.

Y D, es mucho, mucho, mucho más lo que se va a ver de nosotras.

Y eso es culpa de las dos.

Por ser tan opuestas, y por, al mismo tiempo, combinar tan jodidamente bien.

Reprogramaste mi seguridad, me hiciste asimilar que el amor no es una amenaza, y me comprobaste que sí nací con capacidades de amar románticamente. Te prometiste y me prometiste tantas cosas que terminaste por cumplirlas. Ahora, más que nunca, sé que mi vida la quiero contigo. Porque sí estaba estropeada, y sí me arreglaste. Ya no me obstaculizo cuando se trata de ti, ya no soy mi impedimento cuando se trata de amarte. Discúlpame tú a mí, por haber sido tan difícil de amar y entender en su momento. Y déjame también darte las gracias, porque con tu ambición me arreglaste, te convertiste en la cura a mi problema, y me ayudaste a eliminar la opción de huir. Amo lo que fuimos, lo que no sabíamos que éramos, y lo que seguimos siendo.

Me enamoro de ti, y me enamoro tanto, que voy a empezar a copiarme de tu táctica, de desearle este tipo de relación a cualquier persona. Porque no importa el cuerpo en el que estamos, D, lo que sentimos tú y yo es la forma más pura del amor. Y creer en tus promesas ha sido lo mejor que he sabido hacer.

Me rompí mi propio corazón antes, pero no me importa haberte dado los pedazos que quedaban porque los supiste unir con un pegamento invisible pero indestructible. Y me has hecho amar tanto mi propio corazón, que ya no lloro al romperlo, sino que lloro al saber que alguna vez lo hice.

Ya no tienes que dudar si alguna de mis acciones fue realmente mía o de mi miedo, porque ese murió el día que decidí que me da más miedo una vida sin ti. Perdóname porque mi miedo igual sí vivió por un largo periodo de tiempo, y porque seguramente, como daño colateral, te alcanzó a lastimar. Pero te prometo que no vas a ser nunca más testigo de mis autosabotajes.

Esa mañana antes de que pasara todo, lo éramos todo, pero no sabíamos todo lo extra que podíamos ser y que ahora sí somos: libres.

Quiero despertar cada día que le sigue a este con la necesidad urgente de preguntarte si estás segura de que no seguimos soñando.

Quiero siempre que seas tú... porque lo que hiciste conmigo solo lo pudiste hacer tú.

Cuando era niña pensaba que lo que yo sentía con respecto al amor romántico era normal, y que sencillamente todos se sentían de la misma forma. Pero al crecer me preocupó darme cuenta de que el amor no era invisible para el resto. Y concluí que si la pregunta por la existencia del amor había sido resuelta, y aún no me amaban a mí, era porque tal vez la invisible era yo.

Yo era el problema sin solución.

Y fui perdiendo el afán y empecé a prepararme para una vida sin amor.

Pero estaba equivocada.

El amor sí llegó y tiene su nombre.

Mi mejor amiga.
Mi mejor descubrimiento.
El paso más valiente.
La mujer más impresionante.
El amor más puro.
Mi letra favorita.

Si ella me vio,
Si ella me ve,
No soy invisible,
Y tal vez existo.

Me di permiso de enamorarme y caminé con ella como más le gusta: de la mano, con amor y sin miedo. Después de todo, su amor era un riesgo que debía correr.

¿Y mi primer beso?
¿Nuestro primer beso?
No lo han visto ni en las películas.

Nunca le conté a M que el primer sueño que tuve con ella fue cuando recién empezábamos a conocernos.

—*Yo no me he dado mi primer beso. A veces pienso en eso… ¿con quién irá a pasar?*

Conmigo. Pensé.

—*Porque, la verdad, al ritmo que voy… lo más probable es que nunca pase.*

Conmigo. Pensé.

—*O, tal vez, pase en unos años y resulte siendo con alguien del que luego ni me acuerde.*

Conmigo. Pensé.

—*Bueno… Mejor ni pienso en eso, no tiene caso.*

Por fin la interrumpí:

¿Y si pasa conmigo?

Y sí, sí fue contigo.
Y a todo le digo sí, si es contigo.
¿Y mi futuro? Sí, sí será contigo.

Ya han pasado un par de años desde que te vi por última vez. El tiempo pasa muy rápido pero hace cosas impresionantes en su transcurso. Supongo que escribo esto porque quería contarte que lo ha hecho conmigo. Mi padre falleció hace un año y, desde ese día, la vida me cambió por completo. Entrar en esa vulnerabilidad por obligación me hizo darme cuenta de muchas cosas que no me gustaron, y una de esas fue no solo haber sido un pésimo novio para ti, sino, sin notarlo, haber sido la peor versión de mí. Y sin ninguna intención distinta a poder continuar con mi vida y con esta nueva persona que quiero ser.

Perdóname por no haber visto la persona tan maravillosa que tuve a mi lado, por haber sido tan hiriente con mis actitudes y mis palabras, por no respetarte y pasar por encima tuyo cada que me entraban las ganas, por haber sido un cobarde en vez de un caballero, y por poner como prioridad cosas materiales que lo único que me trajeron con el tiempo fueron problemas complicados. Perdóname por hacerte creer que siempre te faltaba algo para alcanzar un grado de perfección que me inventé en mi mente. Por no decirte que lo perfecto no existe, pero que seguramente si existiera se parecería a ti. Perdóname por querer cambiarte constantemente y nunca haber cambiado por ti, por haber estado tan equivocado de creer que tenía el derecho de decirte qué ponerte, qué comer y qué hacer, y por haber ignorado por completo tus necesidades y sentimientos. Perdóname por restarle importancia a tus cosas y por invalidar tus opiniones, cuando ahora miro atrás y sé que el único realmente errado fui yo.

Quería pedirte perdón por no haber sabido lo que era el amor y haberte hecho creer que era lo que yo te daba.

Y de lo que más me arrepiento es de haber sido tan egoísta de pensar que si no estabas conmigo, no podías estar con nadie. De haberte quitado de las manos la posibilidad de contarles a las personas que más te aman que te habías enamorado de verdad, y de alguien que sí lo merecía.

Esa versión idiota y machista de mí sufrió inesperadamente después de su patético acto de desespero porque se dio cuenta de que ni a ti, ni a ninguna otra mujer, las merece un hombre que encuentre su valor únicamente en su violencia, sino que quien realmente las merece y las enamora es esa persona que, sin importar si es hombre o mujer, las respeta, las cuida, las admira, las protege, las escucha, las enorgullece, las acompaña, las valida y las ama.

Hoy miro atrás y me sorprende haberme dado cuenta tan tarde.

Mi costumbre de disfrazar la violencia con supuesta fortaleza y masculinidad era desagradable. Y aunque sea tarde para reparar lo que te hice con ella, no quería quedarme sin decirte cuánto me arrepiento.

Me has enseñado mucho. Ahora sueño con encontrar algún día lo que tú pudiste encontrar y que, injustamente, intenté arrebatarte.

Samuel.

Sí, si es contigo de Calle y Poché
se terminó de imprimir en junio de 2019
en los talleres de
Litográfica Ingramex, S.A. de C.V.
Centeno 162-1, Col. Granjas Esmeralda,
C.P. 09810 Ciudad de México.